· TIERRA, SOL Y TRADICIÓN ·

VINOS
de España

ÍNDICE

Dirección editorial: Isabel Ortiz
Coordinación del proyecto: Roberto Uriel y Rocía Cuenca
Textos: Víctor Saornil
Diseño gráfico y maquetación: Roberto Uriel
Fotografía: Múltiples fuentes
Corrección: Maite Izquierdo y Loly Crispín
Preimpresión: Sara Alonso

Impreso en papel procedente de bosques sostenibles

© SUSAETA EDICIONES S.A.
C/ Campezo, 13 - 28022 Madrid
Tel.: 91 3009100 - Fax: 91 3009118
Impreso y encuadernado en España
www.susaeta.com

INTRODUCCIÓN

La calidad de los vinos españoles no solo se debe a su sabor excepcional, sino también al apego a las técnicas tradicionales y el respeto por la tierra. Las bodegas españolas, algunas de las cuales han pasado de generación en generación, fusionan la innovación con la herencia, garantizando así la continuidad de la excelencia enológica. Esto hace, en resumen, que no solo se trate de una bebida, sino más bien deexpresiones artísticas arraigadas en la historia y el *terroir*, capaces de elevar cualquier experiencia gastronómica.

En ellos se refleja su papel como embajadores de la cultura y la gastronomía del país. Muchos de ellos, como el rioja, el ribera del Duero y el priorat, son reconocidos internacionalmente y elogiados por su complejidad, estructura y capacidad de envejecimiento. La diversidad de uvas autóctonas, como la tempranillo, garnacha y albariño, contribuye a la singularidad y riqueza del panorama vinícola español.

La cuidadosa combinación de factores geográficos, climáticos y la larga experiencia artesanal de los vinicultores españoles resulta en grandes vinos únicos y distintivos.

3

UN POCO DE HISTORIA

El vino se remonta al origen de las civilizaciones, pues ya fue consumido por el hombre prehistórico. Sin embargo, queda por determinar si los restos hallados se corresponden con una fermentación natural de las uvas o con una producción sistemática y premeditada. Lo cierto es que las tablillas de arcilla de los sumerios, civilización que se desarrolló entre las planicies aluviales de los ríos Éufrates y Tigris, hacen referencia al proceso de prensado de las uvas.

En Egipto, la tumba de un faraón con más de seis mil quinientos años de antigüedad contenía varias estatuillas que representaban a los esclavos destinados a servir a su señor en el más allá. Entre ellos, uno portaba una jarra de vino. Los egipcios relacionaban el vino con el dios Osiris, quien logró vencer a la muerte y volvió a la vida. Un proceso similar al que sucede con la vid, que renace cada año tras parecer muerta. Esta similitud vinculó al vino con los ritos de muerte y resurrección, una tradición que fue recogida por el dios griego Dionisos, cuya piel de zorro simboliza la viña y la fauna, y, posteriormente, por el romano Baco, deidad de la fertilidad y del vino.

En las fértiles tierras del delta del Nilo, gracias a las inundaciones anuales, se plantaron las viñas egipcias. Las pinturas muestran cómo se recogían los racimos en cestas de juncos donde los esclavos pisaban el fruto, y el líquido se extraía estrujando los grandes lienzos donde se depositaba el raspón. Luego, el mosto fermentaba en grandes vasijas de barro selladas con una tapa de idéntico material. Una vez fermentado, el vino se cocía para evitar su deterioro y se guardaba en ánforas, cuyo interior se recubría de brea, y se sellaban con barro. Las ánforas más antiguas, datadas en unos tres mil años antes de Cristo, se han hallado en las tumbas de Abidos. Los egipcios elaboraron dulces vinos tintos y blancos. Los alfareros grabaron en los recipientes diferentes anotaciones (el nombre del cosechero, la fecha, los trasiegos llevados a cabo, la calidad del mosto) que nos han permitido conocer datos sobre la producción en dicha época.

En Grecia, el vino se convirtió en una de las bebidas más populares entre los siglos VII y VI a. C. A los griegos se atribuye la consolidación del cultivo de la vid y de los procesos de vinificación por todo el Mediterráneo. Consumían el vino mezclado con agua o aromatizado con toda clase de productos (miel, tomillo, pimienta, mirra, mirto, piñones, frutas...) debido a su complejo sabor y mayor densidad. Destacan entre estos vinos los de Egina y Clazomene, mezclados con agua de mar. Además, los griegos perfeccionaron la construcción de ánforas para el transporte y el uso de diferentes productos para su conservación. Así, fueron los primeros en emplear resina de pino, que se sigue utilizando en el vino llamado retsina, de un aroma y sabor muy característicos.

Posiblemente, los etruscos fueron los primeros que plantaron viñas en suelo italiano, tierras muy fértiles alabadas por los griegos por el cálido sol que las bañaba. Estas condiciones permitían elaborar un vino más fuerte y con más cuerpo, aunque menos aromático, que se convirtió en protagonista de orgías y bacanales. Los romanos heredaron la tradición de mezclarlo con miel o con hierbas aromáticas (mirto, hinojo, ajenjo) y además lo clarificaban con polvo de mármol, clara de huevo o gelatina. Entre los más apreciados destaca el falerno, envejecido durante veinticinco años y el preferido del emperador Tiberio.

La expansión del Imperio romano llevó el cultivo de la vid y el consumo del vino por toda Europa, donde desplazó a otras bebidas tradicionales. Entre ellas, la cerveza, muy consumida en la Galia, donde las cubas de madera que usaban para su transporte y almacenamiento fueron reutilizadas por los productores de vino. En la península ibérica, las viñas de origen fenicio se beneficiaron de los conocimientos agrícolas de los romanos, que permitieron mejorar la calidad de unos vinos que fueron el principal producto exportado a Roma. La invasión árabe de 711 supuso un grave perjuicio para la producción vitivinícola, pues la religión islámica prohíbe el consumo de bebidas alcohólicas y muchos viñedos fueron abandonados. Aunque no faltaron los subterfugios para burlar la prohibición, sobre todo cuando la bebida gustaba a algunos altos mandatarios.

La caída del Imperio romano recluyó el cultivo de la uva en los monasterios, cuyos sótanos albergaban las cubas. Se inició así la tradición de las bodegas subterráneas, consideradas como el mejor lugar para el reposo del vino. La expansión de la viticultura llegó de la mano de los caminos de peregrinación a lugares como Santiago de Compostela. Monjes cluniacenses y cistercienses recorrieron el Camino de Santiago favoreciendo la difusión de nuevas variedades de uvas y dando origen a muchos de los viñedos actuales.

El descubrimiento del continente americano permitió la expansión del cultivo de la vid en aquellas tierras. De hecho, solo veintiséis años después de la colonización las viñas ocupaban amplias regiones. Ante la posible competencia de esos vinos con los de la península, el rey ordenó que los cultivos se realizaran solo bajo licencias especiales. Lo cierto es que la orden no afectaba a los jesuitas que, en su labor de evangelización, extendieron el cultivo de la vid desde Argentina hasta California.

La necesidad de atender la demanda en Europa y en los territorios colonizados (España, en el continente americano; Francia, Alemania y Holanda, en África; Gran Bretaña, en la India, Australia y Nueva Zelanda) fomentó el cultivo de la vid hasta que, a mediados del siglo XIX, tuvo lugar la plaga de la filoxera. Las larvas de este insecto se alimentan de las raíces tiernas, lo que puede ocasionar la muerte de la planta. Iniciada en el sur de Francia, la plaga se extendió por todo el continente a gran velocidad (de 30 a 50 km por año) sin que existiera forma de combatirla, salvo realizar nuevos injertos sobre pies de vides americanas o salvajes, las únicas que resistían el ataque del insecto.

Las aportaciones científicas de Louis Pasteur en el campo de la química y la microbiología permitieron no solo combatir la plaga, sino también optimizar los métodos de conservación del vino. A ello se unieron las mejoras técnicas en el cultivo y en el proceso de vinificación a lo largo del siglo XX, que convirtieron a las actuales bodegas en un compendio de tradición y modernidad capaz de ofrecer productos de gran calidad.

DENOMINACIONES DE ORIGEN

La entrada de España en la Unión Europea llevó a la industria vitivinícola a clasificar sus caldos según la normativa europea, más aún con la aprobación, en el año 2003, de la Ley de la Viña y el Vino y el Reglamento sobre Vinos de la Tierra. El objetivo es proteger el origen y la calidad de los vinos, estableciendo controles precisos sobre los procesos de producción y pautas comunes para regular los tiempos de envejecimiento. Según esta clasificación, podemos encontrar:

•*Vinos con denominación de origen calificada (DOCa)*, aplicada a vinos de la máxima calidad mantenida durante largo tiempo. Deben cumplir los siguientes requisitos:

>   -*Haber obtenido el reconocimiento como denomimación de origen (DO) diez años antes.*

>   -*Disponer de una delimitación cartográfica por municipios de los terrenos habilitados para producir vinos bajo la DOCa.*

>   -*Comercializar los vinos embotellados desde bodegas inscritas y ubicadas en la zona geográfica delimitada.*

>   -*Desarrollar un estricto sistema de control sobre el proceso de producción, desde los primeros pasos hasta la comercialización.*

>   -*La misma bodega no puede elaborar otros vinos que no posean la DOCa, excepto cuando se trate de vinos de pago regulados por la legislación y ubicados en el mismo territorio.*

•*Vinos con denominación de origen (DO)*, vinos de prestigio elaborados en una zona delimitada según los criterios del Consejo Regulador. Deben cumplir los siguientes requisitos:

>   -*Han de elaborarse con uvas cultivadas en la región, comarca o localidad incluida en la DO.*

>   -*Deben haber transcurrido al menos cinco años desde su reconocimiento como vinos de calidad con indicación geográfica.*

–La calidad y las características se derivan del medio geográfico.

–Deben disfrutar de un prestigio comercial avalado por su origen.

•**Vinos de calidad con indicación geográfica,** elaborados en una región determinada, con uvas procedentes de esa misma región y con una calidad, reputación o característica relacionada con el «medio geográfico, el factor humano o ambos, en lo que se refiere a la producción de la uva, la elaboración del vino o su envejecimiento». Estos vinos se identifican como «Vino de Calidad de..., seguido del nombre del lugar donde se produzcan».

•**Vinos de pago,** producidos en un pago, un paraje o un sitio rural con características climáticas y edafológicas propias que lo diferencian del entorno. Estos vinos deben tener unas cualidades singulares y ser producidos y comercializados bajo un sistema de calidad integral que ha de cumplir los requisitos aplicados en las DOCa.

En el mercado también se pueden encontrar los llamados vinos de mesa, cuya producción tiene un menor nivel de exigencia, lo cual no se traduce en una menor calidad. Entre ellos se encuentran los vinos de la tierra (elaborados en determinadas zonas e identificados por sus características locales y por una graduación alcohólica mínima) y los vinos de mesa, categoría que acoge las elaboraciones que no cumplen los requisitos.

La normativa también clasifica los caldos según los periodos de envejecimiento:

•**Gran reserva:** los vinos tintos deben envejecer como mínimo sesenta meses, dieciocho de los cuales han de permanecer en barricas de madera. En cuanto a los blancos y rosados, el mínimo está fijado en cuarenta y ocho meses, de los cuales seis han de envejecer en madera. Para los espumosos, el periodo mínimo de envejecimiento suma treinta meses desde el tiraje hasta el degüelle.

•**Reserva:** los vinos tintos deben envejecer treinta y seis meses, de los cuales doce estarán en barricas de madera y el resto, en botella. Los blancos y rosados tienen un mínimo de envejecimiento de dieciocho meses, seis de ellos en madera.

•**Crianza:** El envejecimiento de los tintos debe ser de veinticuatro meses, al menos seis de ellos en barricas de madera de roble con una capacidad máxima de 330 litros y, el de los blancos y rosados, dieciocho meses.

•**Vino viejo:** el periodo mínimo de envejecimiento de estos vinos es de treinta y seis meses. Poseen un marcado carácter oxidativo debido a la acción de la luz, el oxígeno, el calor o de todos estos factores en conjunto.

•**Vino añejo:** debe envejecer al menos veinticuatro meses en recipientes de madera de roble con una capacidad máxima de 600 litros o en botella.

•**Vino noble:** el periodo de envejecimiento suma dieciocho meses en recipientes de madera de roble con una capacidad máxima de 600 litros o en botella.

◣ DENOMINACIONES DE ORIGEN SUPRAUTONÓMICAS

DO Cava

Agrupa territorios repartidos por siete comunidades autónomas: Cataluña, Aragón, Navarra, La Rioja, País Vasco, Valencia y Badajoz. Cataluña fue la primera en declararla y allí se encuentra el núcleo fundamental de la producción: más de doscientas sesenta bodegas, aunque tres cuartas partes de la producción se centran en Sant Sadurní d'Anoia.

Cada territorio tiene sus propias características, pero la elaboración clásica del cava se lleva a cabo a partir de uvas xarel·lo, macabeo y parellada. La primera aporta potencia; la segunda, aroma, y la tercera, sutileza y elegancia. Actualmente se han añadido variedades blancas y tintas (chardonnay, pinot noir y trepat) que ofrecen cavas con mayor cuerpo y aromas a frutas tropicales. Para los modernos cavas rosados, se utilizan uvas monastrell, garnacha tinta, pinot noir y trepat.

Los cavas adquieren sus características de sus combinaciones varietales y del envejecimiento en botella. La denominación cava se reserva para los vinos jóvenes, con un tiempo máximo de crianza en botella de nueve meses, ligeros, suaves, frescos y fáciles de beber, de color amarillo paja con destellos verdosos y aromas a frutas verdes, florales y vegetales. Bajo el distintivo cava reserva se encuentran vinos con una crianza mínima en botella de quince meses, equilibrados, que muestran un color amarillo pálido y brillante y un toque inconfundible a frutas maduras. El distintivo de cava gran reserva se destina a los que permanecen en botella treinta meses como mínimo o a aquellos que se mantienen treinta y seis meses, por ser cavas brut nature, extra brut y brut. De color dorado pálido y burbuja muy pequeña, se caracterizan por sus aromas complejos, con notas de frutos secos y almendras amargas y pan tostado. En cualquier caso, la clasificación depende de la cantidad de azúcar que se les añade con el licor de expedición. Se distinguen los siguientes:

- *Brut nature:* el azúcar es inapreciable (entre 0 y 3 g/l) y no procede de una adición. Al brut nature se destinan los mejores vinos.

- *Extra brut:* la cantidad de azúcar puede alcanzar los 6 g/l.

- *Brut:* se permiten 12 g/l como máximo.

- *Extra seco:* el azúcar oscila entre 12 y 17 g/l.

- *Seco:* la cantidad de azúcar se sitúa entre 17 y 32 g/l.

- *Semiseco:* contiene entre 32 y 50 g/l de azúcar.

- *Dulce:* la cantidad de azúcar supera los 50 g/l.

DO Jumilla

Se extiende al sureste de la península, desde el municipio murciano de Jumilla hasta las cercanas tierras de Albacete. Más de 30.000 ha de viñedo en una zona de transición entre la meseta castellano-manchega y el litoral mediterráneo, formada por amplios valles con un horizonte montañoso. El clima es continental, suavizado por el Mediterráneo, caracterizado por veranos secos y cálidos, inviernos fríos y escasa pluviosidad. Los suelos son pardo-calizos, pobres en materia orgánica pero capaces de retener el agua y proporcionar aireación a las raíces.

La tradición vitivinícola de Jumilla se remonta a la época romana. El cultivo se mantuvo con cierto éxito hasta el siglo XIX, cuando le alcanzó la plaga de filoxera. La recuperación obligó a elevar los rendimientos del viñedo, con cosechas tardías de frutos sobremadurados que ofrecían vinos muy robustos destinados a la exportación o a la venta a granel en el mercado nacional. Estas características se han modificado evitando la sobremaduración de la uva y suavizando el resultado final.

Los vinos monastrell son de color rojo púrpura intenso, con aromas a frutas del bosque, buena estructura y fuerza, sabrosos y con taninos persistentes. Los crianza aportan los toques de la madera, mayor carnosidad e intensos aromas. Los rosados varían desde el rosáceo hasta el rojo cereza, y son de aromas frutales y frescos, vivos y equilibrados en boca. También se elaboran tintos dulces, naturales y de licor. A ello se suman vinos blancos agradables, de color amarillo pajizo, aromas frutales, equilibrados y con cierto cuerpo.

DOCa Rioja

La primera DO de España y la primera en obtener el reconocimiento de Calificada ocupa territorios en tres comunidades autónomas: La Rioja, País Vasco y Navarra. Sus vinos, los más vendidos y avalados por una tradición que se remonta al medievo, proceden de viñedos cultivados en el valle del Ebro, y se extiende al norte entre los montes Obarenes y la sierra de Cantabria y, al sur, por la sierra de la Demanda.

El primer documento que reseña los vinos riojanos es un cartulario conservado en el monasterio de San Millán de la Cogolla y datado en 873. También se conoce la existencia de viñedos pertenecientes al cenobio en Nájera, con cuyas uvas se elaboraba vino para consagrar. El primer documento oficial que da cuenta del desarrollo vitivinícola de la zona es una carta de población del obispo de Calahorra, Gomesanus, en la que dicta que los habitantes de la villa de Longares deben servidumbre al monasterio de San Martín de Albelda: «Dos días de arar, dos días de cavar, dos días de entrar, dos días de cortar y uno de vendimiar». Sin olvidar las palabras de Gonzalo de Berceo, quien, en el siglo XIII, escribió en romance: «Quiero fer una prosa en román paladino, /en cual suele el pueblo fablar con su vezino, /ca no so tan letrado por fer otro latino: /bien valdrá, como creo, un vaso de bon vino».

Aunque los primeros vinos eran muy malos, debido a las poco adecuadas técnicas de elaboración, hubo ordenanzas protectoras que evitaron la venta de caldos foráneos. En 1560, un grupo de cosecheros realizó el primer logotipo entrelazando las iniciales de sus apellidos y grabándolo en los pellejos exportados a otras provincias. Para proteger la calidad, un siglo más tarde se dictaron varios decretos que regulaban las plantaciones, la vendimia y la elaboración de vinos, normas que culminaron en 1788 con la aprobación de los estatutos de la Real Sociedad Económica de Cosecheros de la Rioja Castellana, germen del actual Consejo Regulador.

La plaga de la filoxera en Francia llevó a sus bodegueros a buscar uvas en el extranjero, por lo que La Rioja, debido a la cercanía, su abundante producción y la comunicación por ferrocarril, se convirtió en el lugar ideal. La firma de un tratado comercial entre el Gobierno francés y el español favoreció la exportación del vino riojano e impulsó la modernización del sector y la aparición de las primeras bodegas importantes: Marqués de Riscal (1860), Berceo (1872), López de Heredia (1877), Marqués de Murrieta (1878), CVNE (1879), Azpilicueta (1881), Gómez Cruzado (1886) y Bodegas Franco-Españolas (1890), entre otras.

Pero la creciente demanda y los altos precios conllevaron una sobreproducción que afectó a la calidad. Además, una plaga de mildiu redujo las cosechas y llevó a los bodegueros a mezclar vino con agua y añadir alcohol industrial y colorantes químicos. El fraude y el fin de la filoxera en las viñas francesas provocaron la bajada de precios del vino riojano, pero alentaron el desarrollo de sus bodegas. La llegada de la filoxera a finales del siglo XIX obligó a sustituir las cepas por plantones americanos. Se inició así una lenta recuperación hasta 1918, cuando se dio por terminada la plaga.

Actualmente, la zona de producción ocupa una amplia franja a los dos lados del curso alto del río Ebro, con un clima muy variable entre atlántico y mediterráneo, condiciones idóneas para el cultivo. Los suelos van desde los arcillosos-calcáreos de la Rioja Alavesa hasta los arcillosos-ferrosos y aluviales de la Rioja Alta, aunque la mayoría son pobres en materia orgánica. Estas condiciones otorgan a los vinos de Rioja unas características únicas que posibilitan, según las variedades y técnicas de cultivo, elaborar un amplio abanico de caldos con personalidad propia.

En La Rioja se cultivan cuatro variedades tintas (tempranillo, garnacha tinta, mazuelo o cariñena y graciano) y tres blancas (viura o macabeo, malvasía y garnacha blanca) a las que se sumaron en 2007 nueve variedades: las tintas maturana tinta, maturana parda o maturano y monastel, y las blancas maturana blanca, tempranillo blanco, torrontés, chardonnay, sauvignon blanc y verdejo. Con ellas se ha pretendido recuperar el patrimonio vinícola riojano y aumentar la competitividad de los vinos blancos en el mercado internacional. Para elaborarlos no se establecen porcentajes, por lo que se pueden producir monovarietales.

Los vinos de Rioja se caracterizan por su facilidad para envejecer en barricas de roble, donde el mosto sufre un lento proceso de microoxigenación y estabilización, al tiempo que expresa todas sus virtudes y adquiere nuevos aromas y sabores procedentes de la madera. La crianza se completa en botella, con especial mención a las añadas históricas, que se guardan en las «sacristías» de las bodegas. La clasificación definida por el Consejo Regulador determina cuatro categorías de vino que deben indicarse en las contraetiquetas: joven (vino de primer o segundo año), crianza (de tercer año, con doce meses en barrica y algunos en botella), reserva (envejecido en bodega durante tres años; uno, en barrica) y gran reserva (seleccionado de añadas excepcionales, con dos años en barrica y tres en botella).

Con uvas tempranillo como base, un tinto de Rioja suele ser muy equilibrado en grado alcohólico, color y acidez, bien compensado en estructura, y tener un sabor suave y elegante, afrutado cuando es joven y aterciopelado al envejecer. Los crianza muestran notas frutales, y los reservas y grandes reservas, un color ligeramente anaranjado y notas de cuero. Los blancos, elaborados con viura, poseen matices afrutados y herbales y un color amarillo pajizo que se hace más dorado al pasar por barrica. Los rosados, elaborados con garnacha, son de un intenso color rosáceo, sabores afrutados, muy frescos y agradables al paladar.

◗ ANDALUCÍA
DOP Granada

La denominación de origen protegida Granada nació en febrero de 2018 con el fin de reconocer el pasado vitivinícola de la provincia, que se remonta a época romana. La DOP incluye los ciento setenta y cuatro municipios de la provincia, donde se cultivan 5.500 ha de viñedos sobre suelos de pizarras y arcillas en terrazas de ladera y vertientes, con una altitud media de 1.200 m. Las cepas se benefician de un clima mediterráneo continental, con temperaturas medias y frescas corrientes de aire de Sierra Nevada. Estas condiciones favorecen el desarrollo de polifenoles que aportan al vino color, suavidad y estructura tánica. Además, la altura proporciona ciertas oscilaciones térmicas que hacen que la uva madure lentamente.

Bajo el paraguas de la DO, que reconoce la subzona específica Contraviesa-Alpujarra, se producen cerca de cuarenta millones de kilos de uva al año. Con ellos se elaboran blancos, rosados, tintos, espumosos y dulces cuya crianza se lleva a cabo en barricas de roble francés, americano o centroeuropeo. La fermentación suele realizarse en cuevas que garantizan una temperatura e iluminación inalterables.

DO Condado de Huelva

Al sureste de la provincia onubense, sobre la llanura del bajo Guadalquivir, se encuentra esta DO en la que, tradicionalmente, se elaboraban vinos generosos. En la actualidad, se centra en vinos blancos jóvenes y de corto envejecimiento, por lo que las variedades de uva autorizadas son zalema, palomino, listán de Huelva, garrido fino, moscatel de Alejandría, pedro ximénez, chardonnay, colombar y sauvignon blanc. A ellas se suman algunas tintas, como tempranillo, merlot, syrah, cabernet sauvignon y cabernet franc. Las cepas se benefician de un clima mediterráneo, suavizado por la influencia atlántica, con una temperatura media anual de 18 °C.

Los vinos más comercializados son blancos agradables de beber y con matices ligeramente vegetales. También destacan generosos y generosos de licor, que pueden ser pale dry, médium, cream y pale cream, según su contenido en azúcares. La elaboración de tintos es reciente y cuenta con jóvenes, crianzas de dos años, reservas envejecidos de tres años y grandes reservas de cinco años.

DO Jerez-Xéres-Sherry y Manzanilla de Sanlúcar de Barrameda

Acoge los municipios de El Puerto de Santa María, Jerez de la Frontera y Sanlúcar de Barrameda, al noroeste de la provincia de Cádiz, que forman el llamado triángulo de Jerez, además de Chiclana de la Frontera, Chipiona, Puerto Real, Rota, Trebujena y el sevillano Lebrija. Unas 10.000 ha de viñedo, aunque solo los tres primeros pueden realizar la crianza o el envejecimiento.

Posiblemente, fueron los fenicios quienes, hacia el año 1100 a. C, difundieron las primeras vides y las técnicas para elaborar vino por estas tierras. De hecho, fundaron la antigua Xera, la primitiva Jerez, en el 700 a. C., iniciando así una tradición vitivinícola que extendió los caldos jerezanos por el Mediterráneo. En la obra *De rustica*, de Lucio Moderato Columela, realizada en el siglo I, se recogen con detalle todos los aspectos referidos a este vino en cuanto a suelo, viñas, labores y mostos. La presencia árabe no afectó a la producción, aunque se orientó a la elaboración de pasas y de alcohol para perfumes, ungüentos y vinos medicinales.

La producción en la zona más meridional de Europa está condicionada por su cálido clima, con unas trescientas horas de sol anuales y temperaturas que pueden alcanzar los 40 °C en verano y descender hasta los 4 °C en invierno. Los vientos de poniente moderan las temperaturas y aportan humedad. El suelo, conocido como albariza, tiene un alto contenido de carbonato cálcico y elevada porosidad, y es pobre en compuestos orgánicos y nitrógeno.

La elaboración combina naturaleza, tradición y tecnología. Tras vendimiar, el mosto fermenta en cubas de acero inoxidable de 50.000 litros a una temperatura que no supera los 26 °C. A finales de noviembre, el vino base se somete al deslío, es decir, se eliminan las lías o los depósitos que han quedado en el fondo. Durante el proceso de decantación, se observa cómo se produce un nuevo velo de levaduras o flor que protege al líquido de la oxidación. Tras separar los vinos en grupos (los más pálidos y ligeros para finos y manzanillas; los más estructurados, para olorosos), se procede al encabezado o fortificación. Es decir, se añade cierta cantidad de alcohol vínico que aumenta la graduación alcohólica, y se pasa el vino a las botas (periodo de sobretablas), donde reposa entre seis y ocho meses antes de someterse a una segunda clasificación que determina los siguientes tipos:

• **Finos:** han mantenido muy activa la flor y conservan gran finura por no haber sufrido oxidación.

• **Palo cortado:** a pesar de mantener la flor y una gran finura, por sus características se destinan a la crianza oxidativa.

• **Olorosos:** no han mantenido la flor, por lo que se aumenta su graduación alcohólica hasta los 17° y se destinan a crianza oxidativa.

• **No aptos:** no cumplen con los requisitos del Consejo Regulador.

Finalmente, los caldos se someten a una crianza de, como mínimo, tres años mediante el sistema de criaderas y soleras. El vino se guarda en botas (barriles de roble americanos de 600 litros), que se rellenan con 500 litros para que se siga desarrollando la flor. Las botas se ordenan unas sobre otras en criaderas, de tal forma que el vino más reciente ocupa las filas superiores y el que está listo para ser embotellado en las hileras del suelo o solera. Cada cierto tiempo, se extrae líquido de la solera (la saca), y se rellena esta con vino de la primera fila de criaderas; a su vez, este vacío se rellena con vino de la segunda fila y así sucesivamente. Cuando se llega a la criadera más joven, se añade vino de las sobretablas o de las añadas. Así se logra uniformidad en la calidad, eliminando las diferencias entre distintas cosechas. Tras la saca, el vino se clarifica, se filtra y se estabiliza en frío antes de embotellarlo.

Para los vinos dulces pedro ximénez y moscatel, la uva se somete al soleo. Es decir, los racimos se extienden al sol entre siete y quince días para que la uva pierda el agua y se pasifique; de este modo se logran una mayor concentración de azúcar y un incremento del color, la densidad y la untuosidad. Después, se realiza un prensado fuerte que proporciona un mosto oscuro que fermenta de forma espontánea. El proceso se detiene añadiendo alcohol vínico hasta llegar a 10°, momento en el que se destila y fortifica hasta alcanzar los 15° o 17° de alcohol, cuando se procede a su envejecimiento por crianza oxidativa.

En cuanto a la manzanilla, las diferencias se encuentran en la fase de crianza, que es biológica y solo puede realizarse en las bodegas de Sanlúcar de Barrameda, pues sus condiciones climáticas favorecen el desarrollo de un tipo específico de flor.

DO Lebrija

Denominación de origen certificada en 2010, está formada por los municipios sevillanos de Lebrija y El Cuervo y por una sola familia, los González Palacios, que poseen dos bodegas: Los Arcos y Abuelo Curro. La leyenda cuenta que Lebrija fue fundada por el dios Baco sobre unas tierras con una magnífica ubicación, a orillas del Guadalquivir y próximas al mar, lo que le permite recibir brisas atlánticas llenas de yodo y salinidad. Sus suelos mantienen la humedad y están expuestos al sol durante muchas horas. Especializada en vinos generosos, también elabora tintos, blancos, dulces naturales y mistelas con las variedades palomino, tempranillo, syrah, sauvignon blanc, moscatel y merlot.

DO Málaga y Sierras de Málaga

Cuenta con sesenta y seis municipios en una superficie que se extiende por la Axarquía, Montes de Málaga, el norte, la costa occidental y la serranía de Ronda. Los climas oscilan desde la zona norte, donde las temperaturas son elevadas y las lluvias rondan los 500 mm, hasta el oeste, más seco, pasando por la Axarquía, de características mediterráneas.

En Málaga se trabaja con pedro ximénez y moscatel, mientras que en la sierra se admiten variedades como lairén, doradilla, chardonnay, macabeo y sauvignon blanc. En la sierra también se trabaja con tintas tempranillo, garnacha, merlot, syrah, cabernet sauvignon, cabernet franc, romé, pinot noir, colombard y petit verdot. Estas variedades permiten elaborar una amplia gama de vinos que van desde los málagas tradicionales hasta los vinos tranquilos, obtenidos de la fermentación natural de los mostos.

DO Montilla-Moriles

Al sur de la provincia de Córdoba se producen los tradicionales vinos generosos, similares a los de Jerez en su forma de elaboración, pero donde predomina la pedro ximénez en vez de la uva palomino y no se realiza el encabezado del vino con alcohol. Estas diferencias permiten obtener vinos más delicados y puros. Las uvas se benefician de un clima semicontinental mediterráneo, con veranos muy cálidos, secos y largos, inviernos cortos y escasas precipitaciones. Los viñedos crecen entre 125 m y 600 m de altitud, en suelos franco-arenosos o calcáreos.

La DO permite trabajar con uvas pedro ximénez, moscatel, airén, baladí, torrontés, verdejo y montepila en cuanto a blancas; en tintas, admite tempranillo, syrah y cabernet sauvignon. Son uvas con las que se elaboran generosos y dulces, a los que se han sumado blancos jóvenes y de envejecimiento corto.

◢ ARAGÓN

DO Vino de Pago Aylés

El único vino de pago de Aragón se elabora en la Finca Aylés, en manos de la familia Ramón Reula que, en la década de 1980, inició la reunificación de varias propiedades conocidas desde la Edad Media con dicho nombre. Cuenta con más de 3.200 ha de valiosas condiciones ecológicas y paisajísticas regadas por el río Huerva y presididas por el monte San Pablo. Tierras arcillosas, calizas y calcáreas donde abundan cuevas y ríos subterráneos y en las que se practica una agricultura ecológica para elaborar tintos basados en garnacha, tempranillo, red blend, cabernet sauvignon y merlot.

DO Calatayud

Territorio de larga tradición vitivinícola basada en la garnacha, se extiende por el ángulo suroccidental de la provincia de Zaragoza, en el valle del Ebro, donde el clima está influido por la red fluvial que conforman los afluentes del Ebro: Jalón, Jiloca, Mesa, Piedra, Manubles y Ribota. El viñedo crece entre los 550 m y los 800 m de altitud bajo un clima continental semiárido y seco, con intensas heladas y suelos pizarrosos. Es lugar de elaboración de rosados frescos de potentes aromas y tintos de color oscuro.

DO Campo de Borja

Los dieciséis municipios de esta denominación se hallan entre las faldas del Moncayo, las terrazas del río La Huecha, cuyas aguas vierten en el Ebro, y las tierras bajas. Terrenos entre 700 y 350 m de altitud, con diversa climatología y suelos que marcan las características de los vinos. Los añejos viñedos de garnacha, de entre treinta y cincuenta años, proporcionan una baja producción, pero muy valorada desde el punto de vista enológico, pues se obtienen vinos de compleja estructura y variedad aromática.

Se producen tintos equilibrados, con aromas frutales y florales y una personalidad muy definida, entre los que sobresalen aquellos elaborados con uvas garnachas de las viñas más viejas. No faltan rosados de intensos aromas florales y blancos ligeros y agradables, a los que se suman cavas, moscateles y mistelas.

DO Cariñena

La DO más antigua de Aragón conserva un buen patrimonio varietal que se ha adaptado al gusto actual. Sus viñedos se extienden por catorce municipios del valle del Ebro con diferentes factores de altitud, orografía, suelos y clima. Principalmente, se elaboran tintos jóvenes, crianzas y reservas, cálidos y robustos. Los jóvenes muestran tonos cereza oscuro, aromas a frutas maduras, carnosos y notables. Los crianzas se suavizan un poco y los blancos destacan por su afrutado aroma. También se producen semisecos, semidulces, dulces, de aguja, espumosos y vinos de licor, armoniosos y aromáticos, utilizando uva moscatel.

DO Somontano

Sus cuarenta y tres municipios se extienden por el centro de la provincia de Huesca, en torno a Barbastro, en la comarca del Somontano. Cuenta con tres zonas diferenciadas con 4.700 ha de viñedos: las llanuras, el pie de monte o somontano y las tierras pirenaicas. Son paisajes de suelos permeables, profundos y escasa fertilidad; con veranos calurosos, inviernos fríos y primaveras y otoños de grandes contrastes térmicos y una pluviosidad media de 500 mm.

El cultivo del viñedo se remonta al siglo ii a. C., aunque con una producción destinada al autoconsumo. La plaga de filoxera trajo hasta aquí a los viticultores franceses, que buscaban tierras donde reiniciar su actividad y crearon algunas de las bodegas de mayor prestigio. En la década de 1960 se creó la Cooperativa Comarcal Somontano del Sobrarbe con la idea de convertirse en motor económico de la zona.

Destacan los tintos de garnacha y tempranillo y los monovarietales obtenidos a partir de cepas locales de moristel y parraleta, además de los que se combinan con uvas locales y foráneas. Para los crianza se usan uvas cabernet sauvignon y merlot, que ofrecen rosados ligeros, frescos y afrutados y blancos chardonnay fermentados en barrica, de los que sobresalen los que utilizan como base la variedad macabeo.

CANARIAS
DO Abona

Los viñedos se extienden al sur de la isla de Tenerife sobre 1.200 h que corren desde las laderas del Teide hasta la costa, atesorando los viñedos más altos de Europa (entre 300 m y 1.700 m). La climatología es variada: mediterráneo seco en la costa que se refresca al aumentar la altitud. Son tierras arenosas, recubiertas por una ceniza volcánica blanquecina llamada jable. La mayor parte del viñedo es de cepas blancas, entre las que destaca la listán blanca, aunque se han introducido variedades tradicionales canarias como gual, verdello, vijariego, sabro, bermejuela y malvasía. Con ellas se elaboran blancos, rosados y tintos, ricos en aromas con tonos minerales o volcánicos.

DO El Hierro

El viñedo se cultiva por toda la isla en manchas aisladas que suman unas 300 ha. La mayor superficie se halla en la zona de El Golfo, en el municipio de Frontera y en Sabinosa, Echedo y El Pinar. Son lugares no alcanzados por la filoxera, por lo que conservan antiguas variedades sin injertos a las que favorece un clima templado y soleado, donde los vientos marinos suavizan las temperaturas. Las precipitaciones son escasas, pero los vientos alisios elevan los niveles de humedad.

Se elaboran blancos jóvenes, frescos y afrutados, con nervio y de finos aromas. Los rosados, bastante frescos, muestran matices anaranjados, mientras que los tintos, de rojo intenso, son robustos, potentes y cálidos en boca. También se pueden disfrutar vinos dulces clásicos y de licor.

DO Gran Canaria

En origen, había dos denominaciones, Gran Canaria y Monte Lentiscal, que en 2006 decidieron unirse, aunque respetando las peculiaridades de Monte Lentiscal, pues se permite que dichos vinos muestren su procedencia en la etiqueta. En total, 231 ha de viñedos repartidos por toda la isla en pequeñas parcelas cuya altitud oscila entre los 50 m y los 1.300 m. Son zonas con microclimas muy variados que, en general, se corresponden con un clima mediterráneo suave condicionado por los vientos alisios. También son muy variados los suelos, formados en etapas geológicas diferentes y que oscilan entre los terrenos porosos de ceniza volcánica y las tierras arcillosas poco permeables.

Se elaboran tintos jóvenes con las variedades de uva tradicionales en Canarias, sobre todo la listán negro, de aromas afrutados y color cereza granate. También se crían blancos con la uva listán blanco, con notas afrutadas y aromas a hierbas. En Monte Lentiscal se desarrollan tintos, blancos secos y algunos rosados, además de semidulces y moscateles.

DO La Gomera

Aunque el viñedo se extiende por toda la isla, las mayores concentraciones se sitúan en el norte. Las viñas se distribuyen en bancales que intentan sortear la difícil orografía, favorecidas por una temperatura media de unos 20 °C y la constante humedad creada por el llamado mar de nubes provocado por los alisios.

La DO admite diversas uvas. Entre las blancas, destaca la forastera gomera, que cubre el 90 % de la plantación. También se encuentran albillo, marmajuelo, moscatel de Alejandría, malvasí, gual, sabro, verdello, vijariego, listán blanca, breval, pedro ximénez y torrontés. Entre las tintas, se admiten listán negra, bastardo negro, vijariego negro, tempranillo, moscatel negro, cabernet sauvignon, ruby cabernet, pinot noir, merlot y shiraz. La producción se centra en vinos blancos jóvenes de aromas intensos, cálidos, rústicos y bien estructurados.

Los vinos de la isla carecen de aromas minerales y a ceniza, característicos de los caldos del archipiélago, debido a que el fenómeno geológico predominante es la erosión, que ha creado profundos barrancos.

DO La Palma

El vino malvasía es el más típico. De hecho, se cuenta que, en el siglo XVI, el pirata Francis Drake atracó aquí y, tras saquear los pueblos, exigió que se le entregaran mil botas llenas de este vino antes de afrontar la travesía por el estrecho de Magallanes y las costas de Perú.

La difícil topografía de La Palma hace que el cultivo se desarrolle sobre parcelas de superficie muy irregular y pronunciadas pendientes que dificultan la introducción de maquinaria. Son suelos de origen volcánico, donde el agua corre por arroyos y pequeños ríos, azotados por los alisios. El cultivo se reparte por toda la isla, aunque hay tres zonas bien diferenciadas:

•*El norte de La Palma* (municipios de Barlovento, Garafía, Puntagorda, San Andrés y Sauces y Tijarafe), cuyos cultivos crecen sobre suelos fértiles distribuidos en bancales entre los 100 y los 200 m de altitud.

•*Hoyo de Mazo,* al sureste de la isla (municipios de Breña Alta, Breña Baja, Santa Cruz de la Palma y Villa de Mazo), donde la vid se desarrolla de forma rastrera sobre laderas de piedras y cenizas volcánicas entre los 200 y los 700 m de altitud.

•*Fuencaliente,* al suroeste de la isla (municipios de Fuencaliente, El Paso, Los Llanos de Aridane y Tazacorte), donde las viñas crecen sobre terrenos de ceniza volcánica o negro picón, entre los 200 y 1.900 m, protegidas del viento por muretes de piedra.

El vino más característico de La Palma es la malvasía dulce, cuyas cepas crecen en las faldas del volcán de San Antonio, en Los Llanos de Fuencaliente y Hoyo del Mazo. Se afirma que esta variedad es la más antigua y la que más se parece genéticamente a las originales cepas de origen griego. La vendimia se hace cuando la uva ha sobremadurado, es decir, cuando se considera que el grano tiene la riqueza de azúcares precisa para extraer mostos con grados de alcohol y acidez equilibrados. La malvasía está catalogada como «vino naturalmente dulce», pues en su elaboración no se añaden levaduras foráneas, alcohol etílico ni mostos concentrados. Así se consigue un vino con una graduación alcohólica que oscila entre el 13 y el 22 %, de color dorado, ambarino, intenso y brillante, muy aromático y complejo.

También se elabora el llamado vino de tea, una singularidad del norte de la isla, con albillo, listán prieto y negramoll, que envejece seis meses en barricas de pino canario o tea que le aportan aromas intensos y sabores a resina.

DO Lanzarote

La imagen de las viñas es muy característica. Las cepas crecen en hoyos de hasta 2 m de profundidad excavados en arenas y cenizas volcánicas, en ocasiones protegidos por un murete de piedras con forma de media luna. Así se intenta superar unas condiciones ambientales muy singulares y alcanzar la tierra vegetal subyacente. En cada hoyo se plantan entre una y tres vides, a salvo de las cenizas que arrastra

el viento y arropadas por el efecto esponja de las cenizas, que retienen el rocío de la noche y la humedad de los alisios.

Los viñedos se desarrollan en tres zonas: La Geria, Masdache y Ye-Lajares. Aprovechan el perfil casi llano de la isla, cuya altitud no supera los 500 m, y un clima subtropical con escasas e irregulares precipitaciones y temperaturas de entre 16 y 24 ℃. En ocasiones, un viento seco de levante llega hasta aquí y eleva las temperaturas.

La producción se centra en vinos blancos, entre los que destaca una variedad de malvasía diferente a la de La Palma, con uvas de una gran intensidad aromática y personalidad característica. Todos deben tener entre 10,5 y 14,5 % de graduación alcohólica, y se distinguen:

- *Malvasía seco joven,* de color amarillo pajizo, finos aromas a frutas maduras y hierbas secas, con gran calidez en boca.

- *Malvasía dulce,* de color amarillo pálido, muy complejo y rico en matices (hinojo, menta, piña, flores blancas), potente en boca, dulce y de acidez equilibrada, persistente.

- *Malvasía semidulce,* de color amarillo pajizo con reflejos dorados, aroma intenso y suave y fresco en boca.

- *Malvasía seco fermentado en barrica,* de color amarillo con reflejos dorados, brillante, de aromas minerales ahumados sobre un fondo de fruta madura, fresco y potente.

- *Diego seco joven,* de color amarillo pajizo, muy brillante, con aromas frutales, muy sabroso y persistente en boca.

- *Vino de licor moscatel dulce,* de color amarillo oro viejo, potentes aromas a miel sobre un fondo almendrado, sabroso y equilibrado.

DO Tacoronte-Acentejo

La producción se desarrolla en la vertiente norte de Tenerife, sobre bancales entre los 100 y los 1.000 m de altitud. Las laderas se orientan al norte y al mar y el suelo es volcánico rojizo, rico en materia orgánica con abundante fósforo, nitrógeno y potasio. Además, gozan de un clima soleado, temperaturas suaves y elevada humedad proporcionada por los vientos alisios.

Se elaboran vinos blancos y tintos. Destacan entre estos últimos los jóvenes de color rojo cereza con tintes violáceos y brillantes, aromas frutales muy intensos y secos en boca, bien estructurados y con un final persistente. Los tintos envejecidos en barrica durante seis meses son vigorosos y con un potente aroma frutal.

DO Valle de Güimar

Sus viñedos ocupan el sureste de Tenerife, en tierras de diferente altitud. Los cultivos crecen bajo el clima típico de la isla, donde destacan la influencia de los vientos alisios y el contraste de temperatura entre el día y la noche, que hace que la maduración del fruto se retrase.

La mayor parte de la uva se destina a los vinos blancos. Se distingue entre secos (vinos jóvenes de entre el 11 y el 12 % de alcohol), semisecos (fragantes, equilibrados en boca, complejos, sabrosos y persistentes) y blancos de barrica (frescos, con aromas entre frutales y ahumados a madera y glicéricos en boca). También se elaboran rosados de aromas intensos a fresas y frambuesas. Los tintos son minoritarios, y no se pueden olvidar los malvasías dulces naturales y los espumosos.

DO La Orotava

Al norte de Tenerife se encuentra esta DO en un lugar en que antaño se producían malvasías, y donde ahora se elaboran blancos, tintos y rosados con uvas autóctonas. Los viñedos cubren terrenos desde los pies del Teide hasta el mar, entre los 250 y los 700 m de altitud, con escasas diferencias de temperatura y una elevada humedad provocada por los alisios. Se trata de vinos tranquilos, blancos, rosados y tintos.

DO Ycoden–Daute–Ysora

De la larga tradición vinícola de esta zona habla la localidad de Ycod de los Vinos, situada al noroeste de Tenerife. Comarca de clima mediterráneo, sus temperaturas rondan los 19° C y las precipitaciones son escasas. La humedad llega de manos de los vientos alisios dando lugar a la lluvia horizontal. Cepas de listán blanco y negro permiten elaborar blancos frescos, sabrosos y expresivos que se comercializan como secos, semisecos, semidulces y dulces, rosados muy aromáticos y tintos jóvenes muy afrutados y frescos.

◤ CASTILLA-LA MANCHA

DO Vino de Pago Calzadilla

En el valle del río Mayor, en la conquense Huete, sobre los 1.000 m de altitud, se encuentra esta finca que goza del microclima del valle, donde abundan las nieblas y los vientos, y las noches son frescas en verano. El cultivo es artesanal: las uvas (tempranillo, garnacha, cabernet sauvignon y syrah), que crecen en el cerro La Pájara, se recogen a mano. La fermentación se lleva a cabo tras el enfriamiento y selección de los racimos, moviendo mostos y vinos por gravedad. Se obtienen tintos que se ofrecen en formato magnum.

DO Vino de Pago Campo de La Guardia

La familia González Borrego inició el proyecto en 1990 agrupando unas 80 ha bajo la denominación de Bodegas Martúe. Cultiva blancas chardonnay y tintas cabernet sauvignon, malbec, merlot, petit verdot, tempranillo y syrah. Elabora vinos blancos fermentados en barrica entre uno y tres meses y tres tipos de tintos: de ensamblaje (combinación de diferentes variedades), monovarietales y de selección especial, a partir de cabernet sauvignon, merlot y syrah.

DO Vino de Pago Casa del Blanco

Situada en el municipio de Manzanares (Ciudad Real), su historia abarca más de ciento cincuenta años. Elabora vinos muy característicos cuya concentración de iones litio es hasta diez veces superior, como consecuencia de las características donde crecen las cepas. Se cultivan cuatro variedades de blancas (airén, sauvignon blanc, chardonnay y moscatel de grano menudo) y ocho de tintas (tempranillo, cabernet sauvignon, merlot, syrah, petit verdot, malbec, cabernet franc y garnacha) con las que se obtienen vinos monovarietales y de ensamblaje.

DO Vino de Pago Dehesa del Carrizal

Una finca de 22 ha en Retuerta del Bullaque, Ciudad Real, elabora blancos chardonnay fermentados en barrica y tintos monovarietales de cabernet sauvignon y syrah, además de tintos de ensamblaje y de selección especial que permanecen entre diez y trece meses en barrica. La zona goza de un clima continental y los viñedos crecen a 900 m sobre el nivel del mar.

DO Vino de Pago Dominio de Valdepusa

La finca Casa de Vacas, en Malpica de Tajo (Toledo), es propiedad de Carlos Falcó, marqués de Griñón. En estas tierras se experimenta con las variedades francesas clásicas y con nuevas formas de cultivo. Las variedades son cabernet sauvignon, graciano, merlot, petit verdot y syrah. Solo se elaboran tintos monovarietales o de ensamblaje, de color intenso, con aromas profundos y sutiles y elegantes en boca.

DO Vino de Pago del Vicario

En la ribera del Guadiana se sitúan las 130 ha de este viñedo que crece sobre una orografía ondulada, con pendientes decrecientes hacia el río. Goza de un microclima con temperaturas suaves y gran contraste térmico entre el día y la noche, lo que favorece la maduración de la uva. Los suelos (entre franco-arenosos y otros donde dominan cuarcitas y pizarras) aportan una amplia riqueza de matices. En ellos se cultivan blancas (chardonnay y sauvignon blanc) y tintas (cabernet sauvignon, garnacha, graciano, merlot, petit verdot, syrah y tempranillo).

DO Vino de Pago Finca Élez

El primer lugar reconocido como pago en julio de 2002 cubre 40 ha en la localidad de El Bonillo (Albacete). El viñedo crece a 1.080 m de altitud con un particular microclima donde se aprecian grandes diferencias de temperatura entre el día y la noche, que favorecen la correcta maduración y la calidad de las uvas. Se cultivan blancas chardonnay y tintas (cabernet sauvignon, merlot, syrah y tempranillo) para elaborar blancos fermentados en barrica, un tinto monovarietal syrah y varios tintos de ensamblaje. Son vinos de media crianza, crianza, reserva y gran reserva, robustos y con notas minerales.

DO Pago Florentino

Situado en el municipio de Malagón (Ciudad Real), cerca del parque nacional de las Tablas de Daimiel, cuenta con unas 60 ha de viñedo donde crece la variedad tinta cencibel en una ladera orientada al mediodía. El suelo, formado por rocas de granito sobre una cama de arcilla, aporta minerales a las uvas, que se riegan mediante goteo.

DO Vino de Pago Guijoso

Situado en El Bonillo (Albacete), cuenta con varias parcelas propiedad de Bodegas y Viñedos Sánchez Muliterno, cerca del nacimiento del Guadiana, a 1.000 m de altitud. Son tierras de grandes contrastes de temperatura que aseguran la calidad de la uva. La vendimia se realiza a mano y la producción es ecológica. Las variedades son cabernet sauvignon, chardonnay, merlot, sauvignon blanc, syrah y tempranillo.

DO Vino de Pago La Jaraba

Entre Villarrobledo y El Provencio (Albacete) se encuentra este pago cuyo nombre tiene origen árabe, pues la denominaron «tierra abundante en agua». Los viñedos crecen sobre distintos suelos (de guijarros gruesos, arenosos, arcillo-arenosos) beneficiados por un microclima que aporta toques balsámicos y minerales. Se cultivan uvas blancas sauvignon blanc y tintas (graciano, tempranillo, cabernet sauvignon y merlot) que ofrecen blancos monovarietales y tintos de ensamblaje.

DO Vino de Pago Los Cerrillos

En Argamasilla de Alba (Ciudad Real) se extiende este pago con unas condiciones climáticas muy distintas a las de las zonas cercanas al Guadiana. Su régimen de lluvias es muy superior al del territorio manchego y las temperaturas no son tan extremas, por lo que la vendimia se retrasa unos veinte días. Se cultivan tintas tempranillo, cabernet sauvignon y syrah, origen de caldos crianza, reserva y gran reserva.

DO Vino de Pago de Vallegarcía

Bodega de los Montes de Toledo, cerca del parque nacional de Cabañeros, en Retuerta del Bullaque (Ciudad Real). Integrado en un paraje único, el clima es

continental con veranos calurosos y secos e inviernos fríos y húmedos. El suelo está formado por materiales pobres y ácidos donde se cultivan 50 ha de uvas de origen francés: la blanca viognier y las tintas garnacha, cariñena, monastrel, cabernet sauvignon, syrah, merlot, petit verdot y cabernet franc.

DO Almansa

Tierra de cultivo de viñas desde el siglo XVI, donde reina la garnacha tintorera. Los bodegueros han variado la tradición, basada en vinos a granel, para su exportación al extranjero, donde se usaban para aumentar la gradación y el color de los vinos europeos de clima frío. Los viñedos se sitúan en el extremo suroeste de la provincia de Albacete, a unos 700 m de altitud, de clima continental y sobre terrenos llanos y suelos calizos y pobres en materia orgánica. La producción se basa en garnacha tintorera, muy resistente a la sequía y al frío, de fácil cultivo y buen rendimiento. Se elaboran vinos con aromas y colores intensos, con cuerpo, carnosos y con alto contenido en taninos y acidez. También se han introducido la variedad monastrell, que se combina con garnacha para dar más estructura a los vinos, y la tempranillo. Así, se elaboran vinos tintos potentes y carnosos, de agradable frescura y carácter frutal. Los tempranillos, de intenso color cereza, se comercializan jóvenes. También se elaboran blancos, a partir de airén y chardonnay, y rosados de aromas afrutados, frescos y sabrosos.

DO La Mancha

Las cepas se extienden por un millón de hectáreas en esta región, aunque solo en unas doscientas mil se acogen a la DO Viñedos de Albacete, Ciudad Real, Cuenca y Toledo, donde predomina el clima continental extremo, con grandes variaciones de temperatura entre el verano y el invierno, y escasas precipitaciones que alimentan un terreno muy llano de tierras rojizas y composición arenosa, caliza y arcillosa.

La historia atestigua que las cosechas se destinaron a destilar alcohol vínico exportado a otras regiones españolas, como Jerez, o al extranjero para elaborar brandy, coñac y armañac. Con el sobrante se hacían vinos de escasa calidad al mezclar diferentes variedades de uvas. Además, los depósitos de fermentación estaban al aire libre y las instalaciones eran muy antiguas. Estas condiciones cambiaron en la década de 1970, cuando surgieron viticultores dispuestos a elaborar vinos de calidad.

La mayor parte del cultivo es de blanca airén, muy resistente y productiva. También se han empezado a cultivar tintas tempranillo o cencibel, además de variedades francesas como cabernet sauvignon, syrah y petit verdot. De forma general, los blancos de airén son frescos con notas de frutas tropicales. Los rosados, afrutados en nariz y muy suaves y ligeros en boca, apenas se desarrollan. La producción de mayor calidad son los tintos, vinos jóvenes varietales y sabrosos.

DO Manchuela

Aunque con una larga tradición vinícola, la DO no se constituyó hasta el año 2000 de la mano de un grupo de viticultores decididos a modernizar cultivos y tecnologías para obtener vinos de calidad. Los viñedos corren entre los ríos Júcar y Cabriel, en tierras de Cuenca y Albacete. Es una zona de perfiles suaves horadados por las hoces de los ríos, altitudes entre los 600 y los 800 m y suelos arcillosos, con una base calcárea producto de los sedimentos fluviales. El clima continental se suaviza en verano gracias a los vientos húmedos del Mediterráneo, que hacen descender las temperaturas durante la noche.

Se elaboran tintos de tempranillo, también llamada cencibel o bobal, de un rojo intenso, aromas frutales y persistentes en boca. Además de jóvenes, se desarrollan crianzas, reservas, grandes reservas y de maceración carbónica fermentados en barricas de roble. Los rosados son de color rosa fresa, muy brillante, afrutados y frescos y muy armónicos Los blancos, desarrollados con bobal, se muestran amarillos pálidos, transparentes y aromáticos, ligeramente ácidos en boca.

DO Méntrida

En la época de los Austrias, la población madrileña de Méntrida proporcionaba caldos para el tapeo en las tascas de Madrid. Son vinos que han evolucionado para atender al cambio del gusto de los consumidores. La producción se desarrolla al norte de la provincia de Toledo, al pie de la sierra de Gredos, tierras atravesadas por el río Alberche, a una altitud que oscila entre los 400 y los 600 m. Las bodegas modernas elaboran tintos garnacha con alguna variedad francesa, de un color cereza intenso y oscuro, con aromas a frutas maduras, y cálidos y suaves en boca. Los rosados se ofrecen de color frambuesa, aromas afrutados y suaves en boca.

DO Mondéjar

La DO más pequeña de Castilla-La Mancha atesora una antigua tradición vinícola, pues la cercanía a Madrid le permitía surtir caldos a la corte en los siglos XVI y XVII. Los viñedos crecen al suroeste de la provincia de Guadalajara, en 2.000 ha bañadas por el Tajo y el Tajuña, que han creado características formaciones tubulares y extensas llanuras y rampas, a una altitud máxima de 800 m. Son suelos rojos, con sedimentos limo-arcillosos con grava, permeables, que gozan de un clima mediterráneo templado con heladas entre noviembre y abril.

Se cultivan uvas tempranillo y malvar. Con las primeras se elaboran tintos de color rubí, buena intensidad aromática y equilibrados. Con las segundas, blancos de un color amarillo pajizo pálido, aromas suaves y afrutados y ligeros en boca. La combinación de ambas ofrece rosados agradables, suaves y ligeros.

DO Ribera del Júcar

Formada por bodegueros de siete municipios del sur de la provincia de Cuenca, junto a la ribera del Júcar, acoge más de 9.000 ha de viñedos que crecen entre los 650 y los 750 m de altitud. Tierras arcillosas y fértiles (llamadas «barro colorao») cubiertas de guijarros y cantos rodados que favorecen el drenaje. El clima es mediterráneo templado, con temperaturas medias anuales de 14 °C y marcadas diferencias térmicas entre el día y la noche.

Los vinos más característicos son tintos, que fermentan durante doce días antes de la maceración. Son caldos de color rojo intenso y brillante, con ribetes violáceos, aromas limpios, toques de fruta roja madura, sabrosos y potentes en boca. En los crianza, aparecen aromas torrefactos y a vainilla proporcionados por el contacto con la madera. Los vinos reserva ofrecen tonalidades teja, rubí y granate, aromas intensos con toques florales, torrefactos y especiados y un largo y complejo posgusto. También se elaboran rosados limpios y frescos y blancos afrutados y suaves.

DO Uclés

En 2005 se oficializó la escisión de la DO La Mancha, reconociendo las particularidades de esta zona entre Toledo y Cuenca en cuanto a la heterogeneidad del relieve (con alturas entre los 500 y los 800 m en la mitad occidental y entre los 600 y los 1.000 m en la oriental), el clima (separadas por la sierra de Altomira, que aporta toques mediterráneos a un clima continental) y la variabilidad y profundidad de sus suelos con respecto al resto del territorio manchego.

Los viñedos se clasifican en tres grupos: los que superan los cuarenta años, los que tienen entre quince y cuarenta años, y los más jóvenes, de entre seis y quince años.

Los frutos de cepas de menos de seis años no pueden emplearse para elaborar vinos acogidos a la DO.

Los tintos se elaboran con uva tempranillo. Los jóvenes se muestran de color rojo cereza brillante, con tintes púrpuras y azulados, aromas intensos a flores y frutas, potentes y equilibrados. Los crianzas son de color rojo rubí, con aromas complejos, notas a vainilla y especias, con buen cuerpo y un posgusto largo e intenso. Los reservas tienden al rojo teja, con complejos aromas, equilibrados, suaves y aterciopelados. En los últimos años se han incorporado vinos blancos secos, semisecos, semidulces, dulces y espumosos.

DO Valdepeñas

Una de las DO más antiguas acoge uno de los vinos más conocidos por los consumidores, que siempre han encontrado una buena relación calidad-precio. La producción de vinos en esta zona se remonta a los siglos VII–IV a. C., como lo prueban los restos del yacimiento ibérico del Cerro de las Cabezas. La actividad continuó durante la ocupación romana, e incluso con los musulmanes, cuando el califato de Córdoba expidió una bula que permitía consumir vino siempre que fuera de Valdepeñas. La actividad se intensificó en el siglo XII, con la Orden de Calatrava, y en el siglo XIV se emitieron leyes protectoras sobre la elaboración del vino de Valdepeñas, conocido como aloque, que era una mezcla de mostos blancos y tintos envejecidos en vasijas de barro. En el siglo XIX, se exportaron a Andalucía, Levante y Madrid, al hilo del llamado Tren del Vino, que conectaba las bodegas con ramales de ferrocarril, un transporte que llevaba hasta Madrid unos treinta vagones cargados con pellejos de vino. Mas la plaga de filoxera interrumpió la producción, por lo que aún se lucha por recuperar los niveles de calidad.

Los terrenos de esta DO se encuentran al sur de la llanura manchega, en la provincia de Ciudad Real. Unas 300.000 ha de cultivo sobre un paisaje ondulado, salpicado de pequeños altozanos. Suelos pobres en materia orgánica, arcillosos o calizos, muy apropiados para las cepas y azotados por un clima continental extremo.

Se elaboran blancos con uva airén, de color amarillo pálido y aromas frescos y afrutados. Los más característicos son los tintos de cencibel, generalmente jóvenes, aunque admiten muy bien la crianza, durante la cual adquieren los aromas a madera de las barricas sin perder la suavidad en boca. También se desarrollan rosados asalmonados, afrutados y agradables de beber.

◤ CASTILLA Y LEÓN

DO Vino de Pago Abadía Retuerta

Una abadía del siglo XII preside una finca situada en la vallisoletana Sardón de Duero. El viñedo se extiende sobre la ribera izquierda del Duero; cincuenta y cuatro parcelas de suelos calizos, arcillosos y arenosos. El cauce del río proporciona sedimentos, cantos y arenas a estas tierras donde se aprecia un microclima que ofrece las temperaturas más gélidas de la provincia, características que, en 2005, fueron reconocidas al conceder al vino Selección Especial el premio de Mejor Vino Tinto del Mundo en el International Wine Challenge de Londres.

DO Vino de Pago Dehesa Peñalba

Ubicada en la milla de oro del Duero, en la vallisoletana Villabañez, Dehesa Peñalba fue la primera bodega en obtener la denominación de Pago junto al río Duero. Se trata de 90 ha dedicadas a elaborar vino extraído de un viñedo con características edáficas uniformes y un microclima propio. El suelo es un terreno caliente y pobre, con un elevado nivel de arenas, cantos y gravas que le aporta permeabilidad y reflejan la radiación solar. Estas condiciones favorecen la maduración de la uva (tempranillo, cabernet sauvignon, merlot y syrah) y la pigmentación de los hollejos, proporcionando frutos con mayor contenido polifenólico.

DO Vino de Pago Heredad de Urueña

Constituida por los vinos elaborados con las variedades cultivadas en el término de Urueña, en la provincia de Valladolid, las principales uvas son cabernet sauvignon, merlot, syrah y tempranillo o tinta del país, que permiten un cultivo máximo de 8.000 kg/ha. Las variaciones térmicas entre el día y la noche facilitan la complejidad aromática, derivada del control natural de la acidez de la uva, y la fijación del color. El proyecto, iniciado en 2005 por la familia Rodríguez León, ha permitido la recuperación de una antigua alquería castellana.

DO Arlanza

Los cursos medio y bajo del Arlanza, a su paso por las provincias de Burgos y de Palencia hasta alcanzar el Pisuerga, configuran un territorio con larga tradición en el cultivo de la vid desde época medieval. Una zona prácticamente abandonada a mediados del siglo XX, a consecuencia de la inmigración a las grandes ciudades, y que se recuperó en parte en la década de 1990, cuando un grupo de viticultores decidió recuperar la actividad.

La zona ofrece muy buenas condiciones para la correcta maduración de la uva gracias a un clima continental extremo, suelos profundos y bien drenados, con un subsuelo conformado por rocas blandas que facilitan la penetración de las raíces.

La variedad tempranillo, nombrada aquí «tinta del país», domina el cultivo y permite elaborar tintos complementados con cabernet sauvignon, garnacha, mencía, merlot y petit verdot. Mezclas que ofrecen caldos suaves en taninos, más potentes y de mayor graduación en las zonas de menor altura. Además, se elaboran rosados con un mínimo del 60 % de tinta del país complementados con albillo.

DO Arribes

Los valles y cañones del Duero son el territorio de esta DO dominada por el paisaje de los arribes: escarpados cañones horadados por el río en el granito de las montañas, que alcanzan los 700 m de desnivel en los farallones que flanquean el curso del río y que forman parte del parque natural de los Arribes del Duero.

Los viñedos se extienden al suroeste de la provincia de Zamora y al noroeste de la de Salamanca, centrados en un 90 % en Fermoselle. Es una región de suelos arenosos y poco profundos, con piedras sueltas y pobres en materia orgánica, un subsuelo de pizarra y un clima mediterráneo de influencias atlánticas.

Aquí solo se cultivan variedades autóctonas, como la tinta juan garcía, que aporta gran personalidad y finura a los vinos. A ella se unen la rufete y la tempranillo, conocida como tinta serrano o tinto madrid. Entre las blancas, la principal es la malvasía, aunque se están recuperando variedades como las tintas bruñas y bastardillo chico y la blanca puesta en cruz.

DO Bierzo

Entre Galicia, León y Asturias, el cultivo de la vid debió introducirse en época romana, cuando se explotaban las minas de oro de Las Médulas. Su mayor esplendor llegó en el medievo, junto a los monasterios que atendían a los peregrinos del Camino de Santiago, condiciones que mantuvieron la producción de vinos a granel.

La zona reúne pequeños valles de montaña que confluyen en una depresión central, amplia y llana, dominada por un microclima suave y templado con un elevado número de horas de insolación y humedad proveniente de Galicia. Los mejores suelos se hallan en las cercanías del río Sil y sus afluentes, en las laderas semiabancaladas y en las que tienen una altitud entre 450 y 1.000 m.

De forma general, se elaboran tintos con cierto reconocimiento a nivel internacional. Predomina la uva mencía, con un mínimo del 70 %. Los jóvenes muestran un color rojo cereza intenso con tonos violáceos, aromas afrutados y secos en boca, varietales y con notas minerales. Los tintos de crianza extraen toda la plenitud varietal de la mencía, son caldos sabrosos y con muy buena estructura. Los rosados se desarrollan con un mínimo del 50 % de mencía, con colores que oscilan de la piel de cebolla al rosa pálido anaranjado, muy aromáticos, con notas de fresa y frambuesa, suaves y ligeros en boca. Los blancos se elaboran a partir de godello y doña blanca, de color amarillo pálido, aromas primarios intensos y frutales.

DO Cigales

La tradición vinícola de esta zona de Castilla y León se remonta al siglo x. La producción fue muy apreciada cuando la corte de Castilla se trasladó a Valladolid, pues numerosos documentos, a lo largo del siglo xvi, refieren que los vinos de Cigales y de Medina eran la base de un próspero comercio vinícola. De hecho, en 1888 se producían más de quince millones de kilos de uvas, en contraste con las cifras de finales del siglo xx, cuando se seguían elaborando vinos rosados para el consumo regional.

La DO se extiende a ambos lados del Pisuerga, en la parte norte de la depresión del Duero, y corre desde Valladolid hasta la población palentina de Dueñas. Es una zona dominada por un clima continental de influencia atlántica con bruscas variaciones térmicas entre el día y la noche, así como entre el verano y el invierno.

Se elaboran vinos rosados de calidad basados en uvas tempranillo vinificadas en blanco. Las bodegas han afrontado el reto de elaborar rosados de estilo más moderno, e incluso crianzas, además de vinos tintos. El consejo regulador autoriza elaborar blancos, espumosos y dulces, y permite utilizar uvas sauvignon blanc, cabernet sauvignon, merlot y syrah como complementarias de la tempranillo, junto con garnacha, viura, albillo y verdejo. Los tempranillo son vinos de color intenso y muy aromáticos, y es la uva dominante en los rosados.

DO Ribera del Duero

Extendida entre Burgos, Valladolid, Soria y Segovia, abarca un territorio muy similar, donde el cultivo se remonta a hace dos mil años. Buena prueba de ello es el yacimiento arqueológico de Baños de Valdearados, donde un mosaico romano muestra al dios Baco. Entre los siglos X y XII se datan las primeras bodegas, y en el siglo XV, las Ordenanzas de Castilla recogen medidas sobre el control de la producción y la protección del comercio.

El desarrollo continuó hasta mediados del siglo XIX, cuando solo la provincia burgalesa contaba con 40.000 ha de cultivo. Pero la plaga de filoxera lo mermó; las tierras se llenaron de cereales y las pocas vides que sobrevivieron se destinaron a vinos

mediocres, mezcla de uvas blancas y tintas. En la segunda mitad del siglo XIX y principios del XX se fundaron nuevas bodegas, entre las que destaca la prestigiosa Vega Sicilia, fundada por Eloy Lecanda (1864). A ella se sumaron Torremilanos (1903) y Protos (1927), creada por los viticultores de Peñafiel agrupados en cooperativa.

En 1982, se creó la DO en busca del reconocimiento de la tradición vinícola de la comarca y se inició la renovación del viñedo y de las bodegas. Se buscaba una actualización técnica y mejorar la calidad de los caldos, tanto los más clásicos como los vinos de autor, protagonistas de una producción pequeña y muy controlada, de elevado precio y enorme éxito.

La DO Ribera del Duero acoge más de cien municipios de la meseta norte de la península. Una franja de 115 km de longitud y 35 km de anchura vertebrada por el río Duero con más de 20.000 ha de viñedo donde se limita la producción a 7.000 kg de uva por hectárea. El clima es continental, con una elevada insolación (unas dos mil cuatrocientas horas anuales) que contrasta con los acusados descensos nocturnos de las temperaturas. Estas condiciones favorecen la correcta maduración de las uvas, solo en riesgo por las heladas primaverales. Las plantas crecen en lomas interfluviales y en los valles (entre 750 y 900 m de altitud), cuyo suelo lo forman capas de sedimentos donde abundan arenas arcillosas, calizas y margas, poco fértiles, pero muy adecuadas para el viñedo.

La variedad dominante es la tempranillo, llamada tinta del país, aunque se admite el uso de otras cuatro: cabernet sauvignon, garnacha, malbec y merlot. Se suman las de cepas francesas, plantadas tras la crisis de la filoxera por Vega Sicilia, para elaborar brandis y ratafías, licores con una base de alcohol a los que se añaden frutos, hierbas y especias. Entre las blancas solo se mantiene la variedad albillo para elaborar rosados y tintos, pues aporta suavidad, una acidez media y aromas frutales.

Los vinos destacan por su buena estructura. Son elegantes, potentes y sabrosos, gracias a la expresividad de la tempranillo. Los rosados se elaboran con un mínimo del 50 % de las variedades tintas autorizadas, fermentando sin el hollejo de la uva. Oscilan entre el rosa fresa y la piel de cebolla, con matices grosella, aromas afrutados, frescos y sabrosos. Los tintos pueden comercializarse con o sin envejecer, y podemos encontrar las siguientes variedades:

•*Joven:* vino que no pasa por barrica o que se ha mantenido en ella menos de doce meses. Son caldos de color rojo cereza intenso y vivo, con ribetes de tonos azulados, añiles, púrpuras y violetas. Ofrecen aromas primarios muy acentuados a frutos muy maduros y a bayas silvestres. En boca, son amplios y sabrosos, muy equilibrados en cuanto al aporte tánico y la acidez. Se comercializan después de la vendimia.

•*Crianza:* se ha mantenido como mínimo doce meses en barricas. Sus tonos oscilan entre el rojo picota y el rojo guinda, con matices violáceos. En nariz, ofrecen aromas frutales y de maderas nobles (vainilla, regaliz, tostado). En boca, potentes y redondos, bien estructurados, aterciopelados y con un persistente posgusto. Salen a la venta después del 1 de octubre del segundo año tras la vendimia.

•*Reserva:* envejecido durante treinta y seis meses, con como mínimo doce meses en barrica de roble y el resto, en botella. A la vista, oscilan del rojo picota granate al rojo rubí. En nariz, son elegantes, con intensos aromas a fruta sobremadurada y confitada, con notas minerales y balsámicas. En boca se muestran amplios, robustos, carnosos y potentes, con cuerpo y equilibrio y un posgusto largo y persistente. Se ponen a la venta después del 1 de octubre del tercer año tras la vendimia.

•*Gran reserva:* envejecido durante sesenta meses: veinticuatro meses en barrica de roble, como mínimo, y el resto en botella. Ofrecen una amplia gama de tonalidades, desde el rojo granate al rubí o teja. Su aroma es muy complejo, con una base de frutas compotadas. En boca, son equilibrados, persistentes y elegantes, vivos y armónicos. Se ponen a la venta el 1 de octubre del quinto año tras la vendimia.

DO Rueda

Zona de producción de vinos blancos basados en uvas verdejo reconocidos desde el siglo XV. La mayoría de los municipios acogidos a la DO se encuentra en la provincia de Valladolid, aunque se suman pueblos del este de la provincia de Segovia y del norte de la provincia de Ávila. Lugar cuyos vinos se consumían en el siglo XV, cuando la zona era mercado para la lana de ovejas merinas, y en la corte de los Reyes Católicos. Eran caldos similares a los generosos, que aguantaban bien los viajes y el paso del tiempo. Recuerdo de aquellos vinos son el Rueda Dorado y el Rueda Pálido.

En un territorio llano, bañado por el río Duero, el viñedo se concentra en torno a las localidades de Rueda, Serrada y La Seca. Los suelos se desarrollan sobre depósitos pedregosos (cascajosos), pobres en materia orgánica, ricos en calcio y magnesio. El clima es continental, con lluvias escasas, que obliga a las vides a hundir sus raíces buscando agua en el subsuelo. La diferencia de temperatura entre el día y la noche ayuda a mantener los ácidos de los frutos, y la elevada insolación favorece la maduración y la formación de azúcares.

La autóctona verdejo debió llegar hacia el siglo XI junto con los mozárabes, cuando se repobló la cuenca del Duero en el reinado de Alfonso VI. Este fruto le aporta a los vinos aromas y sabores característicos, notas afrutadas, acidez equilibrada y un toque amargo en boca. El Consejo Regulador también permite el uso de las variedades sauvignon blanc, viura y palomino fino. Las variedades tintas desaparecieron tras la crisis de la filoxera del siglo XIX, aunque se permite su cultivo desde 2008, donde destaca la tempranillo. Actualmente, se elaboran cinco tipos diferentes de vinos blancos:

- ***Rueda verdejo:*** monovarietal o con un 85 % de dicha uva, como mínimo. A la vista, se presenta amarillo pajizo, con aromas finos y elegantes a frutas e hinojo y, en boca, son vinos con cuerpo, frescos y afrutados. Su graduación mínima es de 11,5°.

- ***Rueda:*** con un mínimo del 50 % de uva verdejo, presenta aromas florales y, en boca, son frescos y suaves. Su graduación mínima es de 11°.

- ***Rueda sauvignon:*** con un mínimo del 85 % de uva sauvignon blanc, de aroma potente, con notas florales y a frutas tropicales. Agradables y sabrosos en boca, con un posgusto prolongado. Su graduación mínima es de 11°.

- ***Rueda espumoso:*** elaborado con una segunda fermentación en botella y una crianza no inferior a nueve meses. Los secos y semisecos cuentan con un 50 % de verdejo; los brut y los brut nature con un mínimo del 85 %. Son vinos frescos, con toques a levadura y una graduación mínima de 11,5°.

- ***Rueda dorado:*** vino de licor de crianza oxidativa, con un mínimo del 40 % de verdejo. Debe permanecer en roble durante dos años. De color dorado y aroma y sabor algo tostado. Su graduación mínima es de 15°.

También se elaboran rosados y tintos. Entre los primeros, se encuentran rosados (color rosa fresa, brillante y transparente; aromas a frambuesa y grosella; sabroso y vivo en boca) y rosados espumosos (con un 50 % de verdejo). Entre los segundos, basados en tempranillo y cabernet sauvignon, se elaboran jóvenes, crianzas, reservas y gran reserva.

DO Tierra de León

Acoge municipios del sur de la provincia de León y de la de Valladolid, junto a las riberas de los ríos Esla y Cea. Un amplio territorio donde se cultiva la uva prieto picudo, favorecida por un clima mediterráneo con temperaturas muy frías, heladas y nieblas invernales y temperaturas muy suaves en verano.

La DO comercializa vinos blancos elaborados con un 50 % de uvas blancas; y vinos amarillos que oscilan entre el verdoso y el oro, con aromas a frutas blancas, hierbas y especias, y frescos y amplios en boca. También se elaboran rosados de aguja y tintos que deben incluir, como mínimo, un 60 % de uva prieto picudo o mencía.

DO Tierra del Vino de Zamora

Sus viñedos se encuentran en ambas orillas del río Duero, entre las provincia de Zamora y Valladolid. Unas 800 ha de viñedo, con una edad media de sesenta y cinco años, que crece en tierras de altitud media sometido a un clima continental extremo, con veranos muy calurosos e inviernos muy secos y muy fríos. El elevado número de horas de sol y los suelos profundos y pobres ofrecen las mejores condiciones para el cultivo.

Los tintos parten de un mínimo del 75 % de tempranillo. Son de color intenso, potentes y complejos aromas y una ligera acidez. Los blancos se muestran frescos, sabrosos y con buen grado alcohólico. También se elaboran rosados y claretes.

DO Toro

La tradición vitivinícola de Toro se remonta a la época romana, y sobresalen los vinos elaborados en el medievo, cuando ganaron fama hasta el punto de obtener privilegios reales para ser comercializados donde se prohibían otros vinos. Los caldos de Toro, criados en las abundantes bodegas subterráneas, llenaron las despensas reales y viajaron en las naos que descubrieron el Nuevo Mundo.

La DO agrupa doce municipios al sureste de la provincia de Zamora y tres de Valladolid, azotados por un clima continental extremo. Los viñedos crecen en tierras suavemente onduladas de suelos pardo-calizos poco consolidados, lo que facilita la penetración de las raíces y el drenaje.

Destacan los tintos monovarietales de tinta de Toro, cepa autóctona resistente. La antigüedad del viñedo, las producciones cortas y las elaboraciones modernas son los pilares del éxito de estos vinos. Caldos que mantienen su intenso color, pero que son más aromáticos y elegantes, con una buena persistencia en boca. Se comercializan jóvenes, crianzas, reservas y grandes reservas. Bajo la denominación roble, se hallan vinos elaborados con un máximo del 10 % de garnacha sometidos a un proceso de crianza mixto en barrica y botella. También se elaboran rosados, con tinta de Toro y garnacha, y blancos a partir de malvasía o de verdejo.

CATALUÑA
DO Alella

A las puertas de la ciudad de Barcelona, crecen los viñedos de una de las denominaciones de origen más pequeñas de España: dieciocho municipios del Maresme y el Vallés, cuyos viñedos crubren las suaves laderas de la Serralada Litoral, algunas mirando al Mediterráneo y otras, a sus espaldas, influidas por dos factores climáticos. Aunque el clima es típicamente mediterráneo, las cepas crecen bajo la protección de la sierra ante los fríos vientos del interior y favorecidas por la humedad del aire del mar. Los particulares suelos, llamados *sauló*, son arenosos de origen granítico, con un buen drenaje y capaces de retener el calor.

Se elaboran blancos con uva pasa blanca, una variedad de xarel·lo aclimatada a suelos arenosos. Son caldos elegantes y suaves, muy olorosos. También se desarrollan blancos secos, muy frescos y frutales; rosados frescos y sabrosos, y tintos ensamblando las variedades locales con cepas francesas autorizadas.

DO Cataluña

Agrupa las zonas vinícolas tradicionales que no han podido inscribirse en la DO correspondiente, circunstancia muy halagüeña en cuanto a las ventas, pero no tanto respecto a la uniformidad del producto. Engloba 60.000 ha de viñedo repartidas por más de trescientos municipios de tradición vinícola. Las condiciones dependen de cada zona, aunque, en general, gozan de un clima mediterráneo templado y suelos de textura media, pobres en materia orgánica, muy adecuados para la vid.

La DO permite hasta veintisiete variedades de uvas (catorce blancas y trece tintas), con un máximo de 10.000 kg/ha de tintas y 12.000 kg/ha de blancas. En general, son vinos de color atractivo, aroma intenso, estructura media y moderada acidez, muchas veces producto de *coupages* poco habituales. Los blancos suelen ser ligeros y afrutados.

DO Conca de Barberá

Más de 5.000 ha de viñedos extendidos por catorce municipios del noroeste de la provincia de Tarragona, cuya tradición vitivinícola se remonta a la antigua producción de graneles destinados a cavas y a vinos del Penedés. El cultivo se desarrolla en el valle fluvial de los ríos Francolí y Anguera, entre 300 y 600 m de altitud, que favorece la elaboración de vinos frescos, ligeros y aromáticos. El clima es una mezcla entre mediterráneo y continental, suavizado por los aires del mar, y los suelos calcáreos, pobres en materia orgánica de textura suelta.

Se elaboran blancos y rosados destinados a los espumosos de la DO Cava, aunque también se producen vinos tranquilos, sobre todo tintos y jóvenes suaves, ligeros y sabrosos. Los crianza aportan complejidad aromática y persistencia. Los blancos se muestran amarillo pálido brillante, afrutados y con moderada graduación alcohólica, ganando más cuerpo al añadir uvas chardonnay y sauvignon. Los rosados, de la variedad trepat, muestran un color rojo frambuesa, limpio, con aromas a frutos rojos y equilibrados en boca.

DO Costers del Segre

Bajo esta DO se encuentra un viñedo muy disperso y una gran variedad de vinos con características muy personales, pues se concede bastante libertad en cuanto al tipo de cepas y las técnicas de cultivo y producción. El vínculo común es que, en Raimat, se adoptó la forma de hacer caldos en el Nuevo Mundo, aplicando métodos de vinificación traídos desde California, buscando el equilibrio entre las elevadas producciones y la calidad del producto final.

La DO acoge enclaves de la provincia de Lleida y uno limítrofe con la de Tarragona, cuyo punto en común es situarse en la cuenca media del río Segre. Se distinguen siete zonas de producción que comparten un clima continental extremo, insolación muy elevada y escasas lluvias. Los suelos son de tipo calcáreo o granítico, cubiertos de arenas y pobres en materia orgánica.

Son muy diversos: desde los blancos elaborados con las variedades de uva tradicionales de la zona, hasta los más modernos basados en uvas chardonnay o riesling; rosados, muy agradables y afrutados, con uvas tempranillo, cabernet sauvignon y merlot. También se elaboran tintos monovarietales y de ensamblaje, con gran potencia aromática, y vinos base para espumosos de calidad.

DO Empordá

La presencia de la colonia griega de Ampurias certifica la antigüedad de la actividad vitivinícola. Una historia marcada por la tramontana, viento del norte que llega a alcanzar los 120 km/h y que aporta un carácter único a la zona. Los viñedos se sitúan en el extremo nororiental de Cataluña, en la provincia de Girona, territorio de macizos montañosos y llanuras costeras, de clima mediterráneo, y suelos variados, de textura arenosa, ácidos y pobres en materia orgánica.

Se elaboran muy diferentes tipos de vino, aprovechando viñas con más de treinta años de edad. Los más tradicionales son los licorosos dulces de garnacha, de color ámbar rojizo, cálidos, sedosos y con aromas a mistela. A ellos se suman moscatel, mistela blanca y mistela negra. Los renovados tintos muestran intensos aromas, sabrosos y muy agradables, destacando los *novell*, caldos que se comercializan inmediatamente después de la vendimia y deben consumirse en el año. Los blancos se realizan ensamblando variedades autóctonas y son frescos y sabrosos, al igual que los rosados.

DO Montsant

La comarca tarraconense del Priorat acoge esta DO que se desarrolla sobre terrenos de clima mediterráneo, influido por las montañas que rodean la zona y la aíslan del mar, proporcionando ciertos toques continentales. La maduración de las uvas se beneficia de los contrastes térmicos entre el día y la noche. Los frutos crecen entre 200 y 700 m de altitud, en suelos calcáreos, graníticos o pizarrosos, pobres en materia orgánica.

Se producen tintos con garnacha, cariñena y variedades francesas. Los jóvenes son oscuros y afrutados y los crianza, más potentes y alcohólicos. Los sedosos blancos parten de la garnacha blanca para elaborar caldos de aromas herbáceos y de uvas macabeo para vinos más frescos, ligeros y finos.

También se obtienen vinos rancios, dulces y mistelas, a los que se suma el *kosher* Flor de Primavera, que cumple las normas de la comunidad judía. Certificado por un rabino y elaborado con garnacha, cariñena, tempranillo y cabernet sauvignon, está considerado como uno de los mejores del mundo.

DO Penedés

Aunque conocida por sus cavas, también se elaboran blancos, rosados y tintos a partir de las variedades locales de uvas. Las 26.000 ha de viñedos y más de ciento sesenta bodegas ocupan la depresión que se extiende entre la sierra prelitoral catalana y las llanuras costeras. Son tierras bañadas por un clima mediterráneo, de elevada insolación, cálido y suave, y suelos profundos, permeables, calcáreos y pobres en materia orgánica.

Se cultivan las variedades catalanas blancas xarel·lo y macabeo y, entre las tintas, cariñena, tempranillo, garnacha y monastrell. Los blancos deben consumirse en el año. Son caldos frescos, afrutados, de moderada graduación alcohólica y agradables de beber.

Los rosados son de estilo moderno, fragantes, afrutados y potentes. Entre los tintos, merece la pena distinguir entre los realizados con uvas autóctonas (garnacha, tempranillo) y los que se basan en cepas foráneas (merlot, cabernet sauvignon), así como los elaborados a partir de su mezcla. Los primeros, aterciopelados, suelen consumirse jóvenes; los segundos, carnosos y aromáticos, se destinan a crianza. También se realizan vinos de aguja, ligeros y de aromas persistentes.

DO Pla de Bages

Unas diez bodegas forman esta DO situada en la comarca de igual nombre, en el extremo oriental de la depresión central catalana delimitada por la sierra de Casteltallat y el macizo de Montserrat y regada por los ríos Llobregat y Cardener. Una comarca de media montaña con un clima continental mediterráneo con bruscos cambios de temperatura entre el día y la noche y lluvias escasas. Los suelos son calizos, de tipo franco-arcilloso y franco-arenoso.

La uva blanca picapoll, autóctona, es la base de vinos blancos frescos, aromas afrutados y gran personalidad. Para los tintos, se utilizan tempranillo, sumoll, merlot y cabernet sauvignon; son de color cereza granate, frescos y de buenos aromas. Los rosados, modernos, limpios y afrutados, se basan en uvas merlot y cabernet sauvignon.

DOC Priorat

Aunque el territorio es relativamente pequeño, la calidad de sus vinos, con más de ocho siglos de tradición, le ha hecho merecedora del adjetivo Calificada, la máxima categoría a la que puede aspirar una DO. Las tierras dedicadas al viñedo coinciden parcialmente con las que tenía la abadía cartuja de Scala Dei en el siglo XII. Un paisaje accidentado, donde los monjes, procedentes de Francia, se instalaron y establecieron un dominio feudal gobernado por un prior (de ahí el nombre de Priorat) sobre siete pueblos de los alrededores.

Los monjes plantaron vides y elaboraron vinos potentes cuya fama solo decayó con la epidemia de filoxera. De hecho, los campos se reconvirtieron y el viñedo casi desapareció, hasta que, en 1954, se aprobó el primer reglamento de la DO. Treinta años después, la aplicación de técnicas modernas de cultivo, elaboración y comercialización renovaron estos vinos hasta situarlos en las altas cotas de calidad actuales.

Los viñedos cubren un área montañosa delimitada al norte por la sierra del Montsant, al este por la de Molló y L'Argentera, y al oeste por la sierra del Tormo. Al sur, corre el río Siurana. Una zona de clima mediterráneo, sin grandes diferencias térmicas entre verano e invierno. El suelo, conocido como *licorella*, está formado por láminas de pizarra, muy pobre en materia orgánica, y aporta a los caldos un marcado carácter mineral. La accidentada orografía obliga a cultivar en terrazas y laderas muy inclinadas, cubiertas de un sustrato pedregoso que impide la erosión y favorece el drenaje.

Los vinos tradicionales, denominados rancios, se elaboran según técnicas ancestrales, y se obtienen vinos muy potentes, cálidos y sabrosos, con aromas almendrados y toques de hierbas de monte. Más modernos, aunque con similar concepto, son los vinos dulces con aromas a frutos secos, pastosos y muy afrutados. Destacan los tintos elaborados de garnacha y cariñena, con aromas muy complejos a fruta madura, toques minerales, potentes, persistentes y muy tánicos. Los blancos de macabeo y garnacha blanca ofrecen aromas frutales y, en boca, se muestran cálidos. También con garnacha se desarrollan rosados con notas a fruta madura.

DO Tarragona

Más de setenta municipios conforman esta DO implantada en las comarcas de Alt Camp, Baix Camp, Tarragonés y Ribera d'Ebre. Unas 6.000 ha de viñedo que se benefician de un clima entre mediterráneo y atlántico, elevadas horas de sol y suelos calcáreos.

Se elabora una amplia gama de vinos licorosos dulces, conocidos como rancios secos, y de generosos. Destacan la mistela de Tarragona, elaborada con uvas blancas y tintas, cuya fermentación se detiene añadiendo alcohol vínico; el moscatel de Tarragona, con uvas moscatel de Alejandría y moscatel de Frontignan; y la garnacha de Tarragona, donde solo se utiliza garnacha blanca y tinta, cuyo mosto envejece durante dos años. Sin olvidar el vino rancio, a partir de variedades blancas y tintas, sometido a crianza oxidativa durante al menos un año en barrica de roble, y el *vimblanc*, para el cual se utilizan uvas sobremaduras.

DO Terra Alta

Entre el río Ebro y la frontera con Aragón, en la provincia de Tarragona, se halla esta comarca de difícil orografía. Las viñas se asientan en llanuras y valles, aunque ocupan principalmente el altiplano. El clima es mediterráneo de interior, con bajas temperaturas en invierno, elevada insolación y escasas lluvias. Los suelos, azotados por fuertes vientos (cierzo, ábrego o *garbí*), son calcáreos y pobres en materia orgánica.

La producción se centra en vinos blancos monovarietales de garnacha blanca, con la que se obtienen caldos amarillos que oscilan entre el pálido y el dorado, de aromas a frutos maduros y hierbas y muy expresivos en boca. La producción se diversifica con tintos, basados en garnacha tinta, merlot y tempranillo; rosados, generosos, vinos rancios y mistelas.

◢ COMUNIDAD VALENCIANA

DO Vino de Pago Chozas Carrascal

La finca Chozas Carrascal se encuentra en San Antonio de Requena, entre Requena y Utiel. Un pequeño altozano de 35 ha a unos 800 m de altitud donde crecen viñas, almendros y olivos. Estas condiciones imprimen un clima más continental, con inviernos largos y fríos y veranos calurosos, e importantes oscilaciones térmicas. El suelo es calizo, pedregoso, muy poco fértil, con poca profundidad, escasa retención de agua y alta insolación. Debido a ello la producción es muy escasa, aunque de alta calidad. La vendimia se realiza de madrugada, cuando la uva está más fresca. Los vinos, principalmente tintos, se basan en la autóctona bobal.

DO Vino de Pago El Terrerazo

La bodega Mustiquillo se sitúa en el Terrerazo-Utiel, en Valencia, donde se aprovechan viñedos de entre cuarenta y sesenta y cinco años, de baja producción, mantenidos con métodos ecológicos. La finca se sitúa a 800 m de altitud sobre un suelo calizo y de textura franco-arenosa. Para el vino se utiliza solo la variedad bobal. Tras el despalillado y un leve estrujamiento de la uva, el mosto fermenta en tinas de roble durante diez días; posteriormente, se lleva a cabo la maceración posfermentativa y la crianza en barricas de roble francés de veintiún meses. Resulta un vino afrutado y dulce, con sensaciones herbáceas y recuerdos a fruta roja y negra, bien equilibrado y final persistente.

DO Vino de Pago Los Balagueses

Perteneciente a la bodega Vegalfaro, el pago Los Balagueses se encuentra cerca del parque natural de las Hoces del Cabriel, aprovechando un microclima y suelo ideales para el cultivo de la vid. Cerca, el centro arqueológico Solana de Las Pilillas recuerda que los íberos ya elaboraban vino en el siglo v a. C. El viñedo cubre suelos de caliza y franco-arenosos, con pequeñas rocas en la parte principal y arena en los niveles inferiores. En este lugar crecen cepas de syrah, garnacha tintorera, merlot y chardonnay, cuyos frutos permiten elaborar blancos y tintos monovarietales y ecológicos.

DO Vino de Pago Vera de Estenas

Cerca de Utiel (Valencia) se encuentra la finca Vera de Estenas, empresa familiar de larga tradición vitivinícola que se remonta a 1876. Los viñedos crecen sobre terrenos miocenos y cuaternarios, con un clima mediterráneo de rasgos continentales, escasas precipitaciones y abundantes horas de sol. Desde la década de 1980, a la variedad tempranillo se le añaden cultivos de cabernet sauvignon, merlot y chardonnay. Con ellas se elaboran caldos que expresan la singularidad del terruño, con buena graduación alcohólica, colores intensos y brillantes, y aromas primarios de fruta madura, bien estructurados y armónicos.

DO Alicante

Engloba tres áreas diferenciadas: la cuenca alta y media del Vinalopó, hasta casi la ciudad de Alicante; la comarca del Comtat, donde se hallan los antiguos viñedos de la montaña alicantina, y la zona de la Marina, al norte de la costa alicantina, desde las últimas estribaciones del sistema Ibérico hasta el cabo de La Nao. Son zonas amplias de climatología que oscila entre las influencias continentales del Vinalopó y el mediterráneo de la Marina. Los suelos son más uniformes, de tipo pardo-calizo, ricos en minerales y pobres en materia orgánica.

En el Vinalopó, conocido por sus uvas de mesa, la tradición vinícola es antigua. La variedad indiscutible es la monastrell, junto a viñedos de garnacha tintorera (alicante bouschet) y bobal. En La Marina se cultiva la moscatel de Alejandría, pues la calidez del clima y la elevada insolación le proporcionan una buena concentración de azúcares. En el Comtat se conservan viejas cepas de monastrell y moscatel de Alejandría. Además, se han introducido otras variedades, como tempranillo, cabernet sauvignon o merlot.

Tal variedad permite elaborar vinos muy diversos. En el Vinalopó se desarrollan caldos a partir de merseguera, veril y airén, aunque los más característicos son los dulces moscateles de la Marina Alta, de sabor almizclado y olores a miel. Escasean los rosados y los blancos jóvenes, siendo más habituales los tintos del Vinalopó, cálidos, robustos, con aromas balsámicos y suaves al paladar, sin olvidar los espumosos elaborados con segunda fermentación en botella.

DO Utiel-Requena

Casi 40.000 ha de viñedo, el más extenso de la comunidad, crecen en el interior de la provincia de Valencia, a unos 70 km del litoral. Zona de clima mediterráneo continental, con veranos suaves, inviernos bastante fríos y lluvias escasas que riegan suelos permeables abundantes en caliza, pardo-rojizos y con poca materia orgánica.

El 80 % de los viñedos se destina a uva bobal, muy bien adaptada a las condiciones climatológicas y edáficas. Su brotación tardía le permite esquivar las heladas primaverales y ofrece sus frutos para elaborar tintos y rosados de colores intensos. También se cultiva tempranillo y, entre las blancas, la tardana o planta *nova*, de maduración tardía y apta para vinos afrutados, frescos y equilibrados.

Las bodegas se dedican principalmente a tintos y rosados. Destacan los monovarietales de bobal, mientras que los que añaden tempranillo y garnacha son más frescos y afrutados. Los rosados, de buena calidad, muestran un color rosado, aromas frutales y notas herbáceas; y los blancos un suave color pajizo con tonos dorados y aromas afrutados. También se desarrollan vinos espumosos no acogidos a la DO Cava.

DO Valencia

Comprende cuatro subzonas (Alto Turia, Valentino, Moscatel de Valencia y Clariano) con más de 12.000 ha de viñedo y ochenta bodegas. Gozan de un clima mediterráneo suave, con fuertes precipitaciones que riegan suelos permeables de carácter arcilloso en la costa y con un elevado contenido en caliza en las regiones más elevadas.

Por extensión, son múltiples las variedades blancas y tintas. La más tradicional es la merseguera, que ofrece blancos jóvenes de tonos verdosos, aromáticos, acidez media y poco alcohólicos. En general, son de color amarillo oscilando entre el pajizo y el dorado, transparente y brillante, con fragancias afrutadas. Los rosados, de corte moderno, muestran colores entre grosella y cereza, frescos y ligeros, con buena intensidad aromática. Los tintos clásicos se elaboran con monastrell y garnacha, aunque se han incorporado otras variedades para ofrecer vinos aromáticos y robustos, muy mediterráneos, a partir de tempranillo, cabernet sauvignon o merlot. Las variedades de moscatel son ideales para elaborar vinos dulces y de licor. Con malvasía se crean vinos suaves, afrutados y muy aromáticos; y con macabeo, jóvenes de color amarillo, aromas frutales y buena acidez.

EXTREMADURA
DO Ribera del Guadiana

Cobija seis subzonas vitivinícolas repartidas por toda Extremadura, a las que no impone un criterio uniforme. Simplemente, establece que cuenten con los elementos necesarios para producir uvas y vinos de calidad. Las comarcas son Cañamero y Montánchez, en Cáceres, y Matanegra, Ribera Alta, Ribera Baja y Tierra de Barros, en Badajoz.

Cañamero, al sureste de la provincia de Cáceres, presenta un relieve accidentado y un clima suave, con suelos pobres y de naturaleza pizarrosa. Se cultiva la blanca alarje, uva autóctona, junto a chelva y malvar, y las tintas tempranillo y garnacha. La comarca de Montánchez alterna cerros con valles azotados por un clima continental y tierras pardas ácidas. Las cepas, a unos 630 m de altitud, son de blanca borba, alarije, cayetana blanca y pedro ximénez. Las tintas, minoritarias, son de tempranillo y garnacha.

La comarca de Matanegra se sitúa al sur de la comunidad autónoma. De clima templado y suave, las cepas crecen a unos 600 m de altitud. El viñedo combina múltiples variedades de blancas (eva o beba, chelva o montúa, pardina, cayetana blanca, macabeo) y tintas (tempranillo, garnacha, cabernet sauvignon). La Ribera Alta corre por las vegas del Guadiana y las comarcas de la Serena y Campo de Castuera, una gran planicie de clima continental y suelos muy arenosos. Son tierras donde crecen variedades de mesa junto a las vitíferas blancas alarije y borba y las tintas tempranillo y garnacha.

La Ribera Baja ocupa terrenos de altitud media con un clima continental moderado y suelos de tipo arcilloso-limoso. Se cultivan las mismas tintas que en la comarca anterior, aunque en las blancas dominan la cayetana blanca y la pardina.

Tierra de Barros, en el centro de la provincia de Badajoz, es una zona de clima muy seco con temperaturas elevadas en verano, un relieve muy llano y suelos fértiles. Se cultivan las blancas cayetana blanca y pardina y las tintas tempranillo, garnacha y cabernet sauvignon.

Cuentan con un amplio catálogo de vinos. El punto común entre los blancos es su carácter mediterráneo, con aromas a hierbas y sotobosque, suaves y persistentes en boca. Los rosados son cálidos, con un punto de dulzor derivado de su alta graduación alcohólica. Los tintos se ofrecen muy cálidos y suaves, carnosos y muy agradables.

▶ GALICIA

DO Monterrei

Sus viñas crecen en el sureste de la provincia de Ourense, tierras bañadas por el río Támega, que las cruza de norte a sur. El viñedo cuenta con dos zonas diferenciadas. Por un lado, las llanuras del valle de Monterrei, con suelos graníticos y arenosos, poco fértiles. Por otro, las estribaciones montañosas de la ladera de Monterrei. Ambos gozan de un clima de transición entre tierras atlánticas y la meseta, que cuenta con veranos calurosos y secos e inviernos fríos.

Los blancos se muestran de color amarillo pajizo, aromáticos y frescos, y los tintos son de color cereza granate, con aromas frutales y notas herbáceas cuando son jóvenes y más carnosos una vez madurados. Ambos pueden someterse a envejecimiento en barricas de roble, siendo denominados de barrica, crianza, reserva y gran reserva.

DO Rías Baixas

Con el albariño como emblema, la DO exporta la mayor parte de la producción al Reino Unido, Alemania y Estados Unidos. Las viñas cubren las tierras bajas, cerca del mar y los tramos inferiores de los ríos, en la zona suroccidental de la provincia de Pontevedra. Casi 4.000 ha de clima atlántico moderado, elevada humedad, temperaturas suaves y abundantes lluvias. Las cepas ocupan suelos arenosos, poco profundos y ligeramente ácidos.

El albariño, cuyo origen está envuelto en leyendas, se aclimató con rapidez a tierras gallegas. La cepa ofrece racimos de grano menudo, tardíos en madurar, con un elevado contenido en azúcares y ácidos. Son vinos blancos secos, de aromas punzantes, florales y afrutados, con un retrogusto muy fino y prolongado. Bajo la DO se elaboran los siguientes vinos blancos:

•*Rías Baixas Albariño:* monovarietal de color amarillo pajizo, brillante, con irisaciones doradas y verdes. Presenta aromas florales y frutales, finos y elegantes. En boca son suaves, aunque con cuerpo, acidez equilibrada y posgusto agradable y completo.

•*Rías Baixas Condado do Tea:* con un 70 % de uva albariño y treixadura, son vinos con matices minerales y balsámicos.

•*Rías Baixas Rosal:* a partir de uvas albariño y loureira se elaboran vinos de aromas intensos, ligera acidez y agradables en boca.

•*Rías Baixas Val do Salnés:* con un 70 % de uvas albariño y el resto de las demás variedades admitidas.

•*Rías Baixas Ribeira do Ulla:* con un 70 % de uvas albariño y el resto de las demás variedades admitidas.

•*Rías Baixas:* o Rías Baixas barrica, cuando son envejecidos en barricas de madera de roble como mínimo tres meses.

•*Rías Baixas tinto:* vinos muy atlánticos, de color cereza, aromas a frutos rojos y a hierbas y muy ácidos en boca.

•*Rías Baixas espumoso:* elaborados según la normativa con variedades de uva de cualquiera de las subzonas.

DO Ribeira Sacra

Entre los profundos valles y los barrancos horadados por el Miño y el Sil se extienden 2.000 ha de viñedo que corre desde el sur de la provincia de Lugo al norte de la de Ourense. Es un paisaje de pronunciadas pendientes de difícil mecanización, donde las cepas ocupan terrazas y bancales. Se reconocen cinco zonas productoras: las lucenses Amandi (cañón del Sil), Chantada y Ribeiras do Miño; Quiroga-Bibel, entre Lugo y Ourense; y Ribeiras do Sil, en Ourense. El clima oscila entre las condiciones atlánticas del Miño y las continentales del Sil, mientras que los suelos destacan por su elevada acidez.

Los bodegueros elaboran tintos monovarietales de uva mencía (de color rojo granate, aromáticos, de paladar afrutado y seco, algunos envejecidos en barrica seis meses) o tintos con un 70 % de las variedades brancellao, mencía y merenzao. Entre los blancos, sobresalen los monovarietales de albariño (amarillos verdosos, frutales) y godello y algunos envejecidos en barrica durante tres meses.

DO Ribeiro

La elaboración de vinos se remonta a época romana, aunque su desarrollo llegó de la mano de los cistercienses que, en el siglo XII, se asentaron en la lucense San Clodio. El auge del Camino de Santiago permitió llevar los caldos, en los siglos XV y XVI, por toda Europa y a las colonias americanas. Las plagas de oídio, mildiu y filoxera y la emigración dejaron casi abandonados los cultivos y las uvas fueron sustituidas por otras foráneas, por lo que los vinos se orientaron a la venta a granel.

Los viñedos ocupan la parte noroccidental de la provincia de Ourense, en la confluencia de los valles fluviales del Miño, Avia, Arnoia y Barbantiño. Las cepas ocupan las laderas aterrazadas entre 78 y 400 m de altitud. El clima es de transición atlántico-mediterráneo con temperaturas muy templadas y abundantes lluvias, que riegan suelos de origen granítico que posibilitan la aireación de las raíces.

La producción se centra en blancos de treixadura, que aporta aromas frutales y florales, y torrontés, y se encuentran en menor proporción uvas loureira, godello y lado. La libertad en las mezclas ofrece una amplia variedad. Los blancos muestran una dilatada gama de amarillos con reflejos verdosos, aromas afrutados con notas balsámicas, frescos y con una notable acidez. Los tintos se elaboran con mencía, creando vinos muy aromáticos y agradables al gusto.

El vino histórico es el tostado, un caldo dulce obtenido de mostos de uvas blancas o negras pasificadas durante tres meses. Tras su prensado, el mosto contiene azúcares de 300 g/l y se le deja fermentar y envejecer seis meses en barrica y tres en botella. El resultado es un vino de color dorado, caoba o ámbar, de aromas complejos, intensos y agradables, dulces y cálidos en boca.

DO Valdeorras

Ocupa un valle al noroeste de la provincia de Ourense, modelado por el río Sil, que ha creado fuertes pendientes en su orilla izquierda y tierras llanas en la derecha. La zona disfruta de un clima mediterráneo oceánico de influencias atlánticas, con abundantes lluvias y moderadas horas de sol. Los suelos son muy diversos, desde los lechos de pizarras a los sedimentarios.

Se elaboran blancos de uva godello. Vinos de color amarillo pajizo, con finos y delicados aromas, notas florales y sabrosos, con buena acidez y tacto graso. Con mencía se obtienen tintos secos y afrutados con aromas a moras. También se pueden elaborar espumosos y el dulce tostado.

ILLES BALEARS
DO Binissalem

Aunque el comercio del vino en las Baleares es muy antiguo, el cultivo de la vid no se inició hasta que llegaron los romanos, hacia el 123 a. C. Tras la invasión árabe, las plantaciones se recuperaron a partir del siglo XIV como una de las actividades principales de las islas, beneficiadas por la tardía aparición de la filoxera. Cuando llegó la enfermedad y se desarrolló el turismo, el viñedo quedó devastado, hasta que, a finales del XX, surgieron las primeras iniciativas para ofrecer vinos de gran calidad.

El viñedo renació con cepas autóctonas y de origen francés que crecen protegidas por la sierra de Tramontana. Uvas como manto negro, callet, moll gargollassa o giró ros recogidas por bodegas familiares que elaboran blancos, rosados, tintos y espumosos rosados y blancos.

DO Pla i Llevant

Trece bodegas conforman esta DO cuyos vinos se benefician de un clima mediterráneo, con una temperatura media de 17 °C y unos 450 mm anuales de precipitaciones. El suelo es calizo-arcilloso y ligeramente alcalino, lo que facilita la penetración de las raíces. Los viñedos se benefician de las brisas marinas, sobre todo del *embat*, un viento que refresca las viñas favoreciendo así la maduración de la uva.

Aunque se admiten múltiples variedades, se intenta impulsar el uso de frutos autóctonos: callet, gorgollassa, mantonegro, fogoneu, giró ros y premsal blanc. Son uvas que ofrecen blancos pálidos, de aromas intensos, frescos y de acidez agradable;

rosados de intenso color frambuesa, aromas de fruta roja y sabrosos en boca; y tintos de toques balsámicos, taninos suaves y maduros, sabrosos y con cuerpo. Además, se elaboran espumosos blancos y rosados, con fina burbuja y aromas frutales.

⬛ MADRID

La provincia madrileña ha asaltado los mercados internacionales, tras una larga historia de elaboración de vinos a granel. La DO protege un territorio repartido en tres subzonas de diferentes características.

•*Arganda:* la zona más extensa se encuentra al sureste de la provincia. Son tierras bañadas por los ríos Jarama, Henares y Tajuña, con un clima continental extremo y suelos sedimentarios. Se cultivan uvas blancas (airén y malvar), con parcelas de tempranillo, con las que se elaboran vinos blancos, agradables y afrutados, muy suaves y frescos en boca, junto a rosados y tintos frescos, equilibrados y con buena acidez.

•*Navalcarnero:* en la zona sur-centro de la comunidad, es un territorio llano surcado por el río Guadarrama. Es la subzona más pequeña, con clima continental y suelos sedimentarios, donde se cultivan uvas tintas (garnacha) y blancas (airén y malvar), con las que se obtienen tintos muy aromáticos y carnosos en boca.

•*San Martín de Valdeiglesias:* al abrigo de la sierra de Gredos se extiende esta zona regada por el río Alberche, con un clima continental más templado y lluvioso. Es un territorio de garnacha que ofrece tintos similares a los de Navalcarnero. Además, se producen vinos de sobremadre: blancos y tintos que contienen gas carbónico natural producto de la fermentación de los mostos con las madres, es decir, uvas con sus hollejos, despalilladas y estrujadas.

◣ MURCIA

DO Bullas

Ocupa una comarca interior salpicada de altiplanicies y valles rodeados por las estribaciones orientales del sistema Bético. El clima mediterráneo, con precipitaciones irregulares a lo largo del año, baña tierras pardo-calizas de bajo contenido en materia orgánica y buen drenaje. El viñedo crece en las laderas escalonadas de unas tierras que forman pequeños valles con sus propios microclimas.

La tinta monastrell es la base de vinos fragantes y frescos, de color intenso. Tintos y rosados que se ensamblan con tempranillo o syrah. Entre las blancas, destaca la macabeo, que ofrece vinos blancos secos de calidad, con aromas florales y frutales. Los rosados se muestran ligeros, agradables, bien estructurados y de fuerte expresión varietal.

DO Yecla

Al noreste de Murcia se distinguen dos zonas (Yecla Campo Arriba y Yecla Campo Abajo) de fisonomía ondulada, con suelos de rocas calizas, pobres en materia orgánica y buena permeabilidad. El clima continental, con pocas lluvias, permite producir uvas de calidad con rendimiento reducido. Las uvas tintas monastrell dominan el cultivo, junto a tempranillo y garnacha; entre las blancas, destacan merseguera y airén. Con ellas se producen vinos de calidad cuya tradición se remonta al siglo I, como demuestran los restos de una bodega romana descubierta en Fuente del Pinar.

Las bodegas elaboran caldos muy apreciados en el mercado exterior (Alemania, EE. UU., Japón). Los tintos se ofrecen de color cereza, violáceo o granate, con aromas a frutas maduras y, en boca, carnosos, cálidos, suaves y muy equilibrados. Si son crianza, su color oscila hacia el teja e incorporan aromas propios de la madera. Los rosados son afrutados y frescos. Los blancos, de color amarillo pajizo, aromáticos y poco ácidos. Tienen tradición los tintos dulces de monastrell.

▰ NAVARRA

DO Vino de Pago de Cirsus

Los terrenos de la Finca Bolandín, en el municipio de Ablitas, al sur de Navarra, reúnen unas características únicas. Sus 200 ha, a una altitud de 395 m, entre el río Ebro y el Moncayo, disfrutan de un clima continental extremo, donde se deja notar el cierzo, y unas características muy particulares en cuanto a temperatura y lluvias. Por ello, cuenta con una represa de trescientos millones de litros, utilizada en verano gracias a un sistema de riego por goteo que mantiene las plantas de forma óptima. La vendimia manual se lleva a cabo a finales de septiembre; se cultivan variedades tintas (cabernet sauvignon, syrah, merlot, tempranillo) y blancas (chardonnay, sauvignon blanc y moscatel).

DO Vino de Pago de Arinzano

En el municipio de Aberín, en la merindad de Estella, el caserío de Arinzano elabora vino de pago a partir del cultivo de variedades tintas (tempranillo, merlot y cabernet sauvignon) y la blanca chardonnay. Poco más de 128 ha en un valle a orillas del río Ega sometidas a un clima atlántico donde se elaboran blancos de color amarillo verdoso y potentes y complejos aromas con notas a frutas exóticas. En boca, demuestra amplitud y complejidad. Con merlot se produce un tinto granate oscuro, intenso, con aromas a frutas negras y bayas silvestres, amplio y potente en boca. El tinto cabernet sauvignon, de intenso color granate, ofrece notas a frutas silvestres, especias y minerales, buen cuerpo y un final largo, en boca. Por último, el tinto de tempranillo, de color rojo granate, se ofrece afrutado, con notas de fruta roja y negra, amable y consistente en boca.

DO Vino de Pago de Otazu

La bodega situada más al norte de España se encuentra a 8 km de Pamplona y a 390 m sobre el nivel del mar, a solo 60 km del mar Cantábrico y a 35 km de los Pirineos, en el municipio de Atxeuri. El viñedo, único en la zona, crece entre las sierras del Perdón y Sarbil y el río Arga, aprovechando la diversidad de los suelos de arcillas y gravas. Las viñas se desarrollan en espaldera, a doble cordón, con orientación norte-sur, logrando la mejor exposición y distribución de los racimos.

El vino se elabora con tempranillo, cabernet sauvignon y merlot. La vendimia se lleva a cabo manualmente por la noche, en pequeñas cestas de 15 kg, para conservar todas las propiedades de la uva, que macera en frío durante una semana, sometiendo el mosto a vinificación tradicional y a una crianza de quince meses en barricas nuevas de roble francés y dieciocho meses en botella.

DO Vino de Pago Prado de Irache

Es una de las bodegas más antiguas de Navarra cuya historia corre paralela al Camino de Santiago. Fue fundada en 1891, ocupando un monasterio benedictino del siglo x donde elaboraban vino para los peregrinos. Estos caldos regaron los banquetes de la familia real de Navarra y las mesas de Francia y Portugal.

Vino de Pago Prado de Irache surgió de la mezcla de uvas tempranillo, cabernet sauvignon y merlot. Los racimos se crían en las laderas de la sierra de Montejurra. La crianza tiene lugar durante dieciséis meses en barricas de roble francés, y se obtiene un caldo de color rojo picota con ligeros ribetes rubí, aroma intenso a frutas del bosque y notas tostadas, que se muestra carnoso en boca, con amplio sabor e intenso retrogusto.

DO Navarra

Su amplia geografía muestra importantes diferencias en cuanto a paisaje, orografía, clima y suelo. Se divide en cinco subzonas:

Baja Montaña: al este de Navarra, en la frontera con Aragón, se extiende un viñedo sobre las pocas zonas cultivables de una compleja orografía marcada por abundantes montes bajos. Un clima de influencia pirenaica ofrece variables precipitaciones que riegan suelos muy diferentes.

Ribera Alta: ocupa la franja media de la provincia, vestida de relieves muy suaves al norte y llanuras al sur, con un clima más cálido y suelos muy diversos donde abundan las margas y las tierras de aluvión.

•*Ribera Baja:* el mayor viñedo ocupa una región de grandes llanuras, escasa vegetación, clima semiárido y terrazas fluviales sobre suelos profundos y pedregosos de textura franca.

•*Tierra Estella:* hace frontera con el País Vasco y la Rioja, en medio de un terreno regado por el río Ega y con un relieve que se suaviza según corre hacia el sur. El clima es de transición entre el subhúmedo del norte y el seco del sur, y los suelos oscilan entre los arcillosos de las laderas de Estella y las texturas francas y limosas.

•*Valdizarbe:* el área media de Navarra es tierra de colinas suaves y valles en torno al río Arga, de clima húmedo y laderas soleadas donde se asientan las cepas, con suelos de margas y escasas piedras.

Las uvas tradicionales son tempranillo y garnacha (se han introducido las francesas cabernet sauvignon y merlot) y las blancas, escasas, chardonnay, moscatel y viura. Es el reino de los vinos tintos, desde los elaborados solo con tempranillo (aromas a frutos rojos, frescos y con cierta acidez) hasta los garnacha, más cálidos, con notas a frutos negros maduros y más suaves. Los rosados, emblemáticos, son una cuarta parte de la producción. Elaborados con garnacha, son jóvenes, de color rosado frambuesa, aromas frutales, frescos, equilibrados y sabrosos. De forma minoritaria, se elaboran dulces con moscatel de grano menudo, delicados, untuosos y fragantes.

► PAÍS VASCO

DO Chacolí de Álava-Arabako Txakolina

Abarca la comarca de Aiara (Ayala), al noroeste de la provincia de Álava, en la cuenca alta del río Nervión, donde las vides disfrutan de un clima atlántico suave y marcadas influencias marítimas. El viñedo crece entre los 300 m y los 400 m de altitud, sobre suelos muy diversos.

El vino se elabora con la autóctona hondarribi zuri, combinada con otras variedades autorizadas que solo pueden aportarse en un 15 %. El chacolí es un vino blanco joven, de color amarillo pálido, pajizo o verdoso, limpio y brillante, con aromas de intensidad media a notas frutales, alegre y fresco en boca. En pequeña proporción, se elaboran tintos y rosados.

DO Chacolí de Bizkaia-Bizkaiko Txakolina

Las vides se diseminan por la provincia de Vizcaya, en angostos valles o en laderas de montaña, por debajo de los 400 m de altitud y orientados hacia el sur para aprovechar los rayos del sol. Es una zona de clima atlántico suave y suelos muy variados, aunque dominan los franco-arcillosos, poco profundos, algo ácidos y con elevada materia orgánica.

Se produce chacolí blanco con uvas hondarribia zuri y hondarribia beltza, junto con la petit courbu. Son de color amarillo pálido o pajizo, a veces con tonos verdosos, siempre brillantes y cristalinos, aromas de intensidad media y variados matices y, en boca, frescos, ligeramente ácidos. Algunos mostos fermentan en barricas de roble un poco más de tiempo, ganando en limpieza y brillo en los colores, aumentando la intensidad aromática y la complejidad en boca. El rosado, llamado ojo de gallo, es de color rosa fresa muy pálido o rosa frambuesa, limpio y brillante, con aromas a frutos silvestres, ligero, fresco, afrutado y fácil de beber. También se produce chacolí tinto, rojo intenso, con aromas de gran intensidad y una acidez superior a los otros.

DO Chacolí de Guetaria-Getariako Txakolina

Unas 400 ha de viñedo proporcionan la materia prima para elaborar chacolís finos y aromáticos, con un característico burbujeo producto del gas carbónico acumulado durante la fermentación. Los viñedos ocupan pequeños valles sin superar los 200 m de altitud, bajo un clima atlántico, de suaves temperaturas gracias a la influencia del Cantábrico. Se utilizan espalderas o emparrados sobre pilares de piedra (sustitutos de las piezas córneas obtenidas de la caza de ballenas) para mantener las plantas erguidas, lejos de la humedad del terreno. Los suelos son de tipo pardo calizo, ricos en materia orgánica.

La producción se centra en variedades blancas, pues tintos y rosados, muy escasos, se reducen al consumo local. Con la variedad hondarribi zuri y un pequeño porcentaje de la tinta hondarribi beltza, que equilibra la excesiva acidez de la blanca, se obtiene un vino amarillo pálido acerado, con una intensidad aromática media, notas frutales y herbáceas, fresco y ligero en boca.

PRODUCCIÓN Y ELABORACIÓN

EL SUELO Y LOS VINOS

Excepto en los excesivamente húmedos, la vid crece en gran variedad de suelos. La composición del terreno y las características climáticas hacen que una misma variedad de uva produzca vinos con propiedades organolépticas muy diferentes. Los suelos arcillosos ofrecen vinos con más cuerpo, mientras que los pedregosos son ideales para los ligeros y perfumados. Por ello, se debe atender tanto a la estructura del suelo (la disposición de los elementos) como a su textura (la proporción de elementos de menor tamaño). Ambos determinan la dificultad que va a encontrar la planta para lograr que sus raíces penetren en el terreno, por lo que se debe prestar atención a la compacidad del terreno y su capacidad de drenaje y de retención de agua. Además, la composición mineral y orgánica, la profundidad y el pH del terreno influyen en la acidez del fruto y la concentración de taninos. El abono puede aportar elementos minerales y orgánicos precisos para el desarrollo de la planta, especialmente boro, fósforo, hierro, magnesio, nitrógeno y potasio.

La cepa sobrevive en condiciones muy diferentes sin que ello afecte a la calidad del vino. Los suelos atlánticos suelen ser ácidos y ricos en materia orgánica; los mediterráneos, muy porosos y más pobres en humus, y en las zonas de estepa las escasas lluvias y las extremas temperaturas ofrecen suelos pobres en nutrientes. Los viñedos se extienden por todos ellos, ofreciendo una amplia gama de vinos con reconocimiento y prestigio a nivel internacional, pero con características propias, pues las uvas se desarrollan con diferentes grados de acidez, taninos y azúcares.

También influyen la luminosidad, la pluviosidad y la temperatura. Una temperatura baja aporta mayor acidez, mientras que las zonas cálidas son ideales para vinos dulces y de elevada graduación alcohólica. Las zonas más lluviosas de la franja atlántica producen matices muy diferentes a los de la mediterránea. Y las horas de sol influyen en la maduración de la uva, variando entre las dos mil horas del norte y noroeste peninsular y las más de tres mil horas del sur y sureste.

◗ LA VIÑA

La vid es un arbusto leñoso de raíces fuertes y profundas de cuyo corto tronco brotan ramas largas (sarmientos) pobladas por hojas hexagonales. El fruto es la uva, que crece formando racimos, cuya estructura leñosa se llama escobajo o raspón y que, en ocasiones, se deja fermentar con las uvas para que aporte aromas y sabores astringentes. El grano se compone de tres partes: la piel u hollejo, que concentra taninos, pigmentos colorantes y aromas; la pulpa blanda y jugosa, de la cual se extrae el mosto, compuesto por un 80 % de agua, entre un 10 % y un 30 % de azúcares, minerales, aceites y ácidos; y las pepitas, que aportan un sabor astringente debido a su concentración de taninos.

La planta resiste la sequía y la escasez de nutrientes minerales, pero con ciertas limitaciones. Las zonas idóneas para su cultivo (insolación, humedad y temperatura) se encuentran entre los 30 y los 50 grados de latitud en ambos hemisferios. Los brotes se destruyen por debajo de los -2 °C y los racimos se queman al superar los 30-34 °C. La lluvia debe ser escasa durante el brote de las yemas, la floración y la vendimia, y abundante durante el cuajado y la maduración del fruto. La calidad de la uva y, por tanto, del vino, está determinada por la climatología, la variedad de cepa y su antigüedad. La edad proporciona frutos más regulares y de mayor calidad, aunque menos cantidad.

◗ TIPOS DE UVA

El cruce entre las vides que surgían de forma espontánea y las cultivadas en otros lugares ha dado lugar a cientos de variedades. En España destacan las siguientes:

Variedades blancas

•*Airén:* una de las más antiguas cultivadas en España, pues aparece en textos del siglo XV, como la *Agricultura General* de Alonso de Herrera. Se produce en La Mancha y Valdepeñas, y se emplea para elaborar vinos blancos monovarietales. Ofrece caldos con bastante cuerpo, muy agradables, de color amarillo pálido y reflejos verdosos, aromas frescos a frutas maduras y armoniosos al paladar.

•**Albariño:** la variedad más noble de Galicia es considerada cepa autóctona, aunque otros creen que llegó desde las orillas del Rin a través de la ruta jacobea, en el siglo XII, y unos terceros opinan que fue traída por el esposo de la reina Urraca de León, Raimundo de Borgoña, un siglo antes. Permite elaborar vinos de color amarillo verdoso, equilibrados, muy aromáticos y con un magnífico paladar. Ofrece intensos aromas frutales y florales, de amplios matices (manzana, plátano, piña) según su maduración. En boca, son vinos frescos, sabrosos, algo ácidos y de gusto aterciopelado.

•**Albillo:** en el centro y sur de la meseta. Se emplea en pequeñas proporciones para elaborar vinos frescos y afrutados.

•**Garnacha blanca:** mutación de la variedad negra, gusta de climas cálidos y relativamente secos. Ofrece vinos de gran cuerpo y elevada graduación alcohólica, de matices amarillos y aromas de fruta madura con un fondo de retama.

•**Godello o verdello:** importante en Galicia, se cultiva desde el Rosal, en Pontevedra, hasta Valdeorras, en Ourense. Produce vinos de color amarillo pajizo, aromas a frutas maduras, ricos en matices y equilibrados.

•**Macabeo-viura:** la séptima cepa más cultivada en España es la base de los vinos riojanos. En Cataluña, se emplea como una más de la mezcla. Uva de intensos aromas, ofrece vinos de color amarillo pajizo, afrutados y equilibrados entre acidez y graduación alcohólica.

•**Malvasía:** una de las variedades más antiguas, cuyo cultivo se ha reducido. Base de vinos dulces, de postre, que combinan el dulzor con un ligero toque amargo. Se utiliza para elaborar exquisitos blancos muy aromáticos.

•**Merseguera:** característica de la región valenciana, es base de vinos frescos, afrutados con matices a almendras amargas y moderado nivel alcohólico.

•**Moscatel de Alejandría:** necesita climas cálidos y soleados y suelos húmedos. La moscatel de Alejandría es la cepa del Mediterráneo. Su elevado contenido en azúcar permite elaborar vinos dulces con intenso aroma almizclado y color oscuro. Actualmente, los moscateles se elaboran con mistela.

•**Palomino:** base de los vinos de Jerez, muy aromáticos, con una variada gama de matices. Los finos son almendrados, salinos y secos. Los amontillados y olorosos, avellanados, balsámicos y untuosos.

•**Parellada:** básica para elaborar los cavas catalanes, a los que aporta elegancia, suavidad y un ligero aroma floral.

•**Pedro ximénez:** su origen es discutido (unos defienden que proviene de las Canarias; otros, de Alemania). Fue la variedad más cultivada en Andalucía en los siglos XVII y XVIII. Hoy ocupa tierras de Córdoba y Málaga y con ella se elaboran vinos dulces, concentrados y untuosos.

•**Torrontés:** cultivada en tierras gallegas (Ourense), se utiliza junto con la treixadura para elaborar vinos de Ribeiro.

•**Treixadura:** tradicional del Ribeiro, semejante a la albariño, ofrece vinos de color amarillo verdoso, aromas florales y a frutas secas y con un punto de acidez.

•**Verdejo:** cultivada desde el siglo XI en Rueda, aunque se ha extendido a la ribera del Duero y otras zonas de Castilla, su gran calidad produce vinos con cuerpo, suaves, afrutados y muy aromáticos.

•**Xarel·lo:** típicamente catalana, se combina con la parellada y la macabeo para producir cavas, a los que aporta cuerpo y un gran vigor.

Variedades tintas

•**Bobal:** predominante en la DO Utiel-Requena y típica en las zonas altas de Levante, ofrece una graduación alcohólica baja. Es la base de vinos de color cereza oscuro e intenso, con matices herbáceos y que, en boca, dejan un toque ácido y a taninos. Los rosados son frescos y afrutados.

•**Cariñena/mazuelo:** antigua variedad que comparte nombre con la región aragonesa donde se cultiva. Se emplea en vinos tintos jóvenes del Priorato catalán, de aromas ligeros, con predominios florales a violeta, densos colores y abundantes taninos.

•**Garnacha tinta:** la tinta más extendida de España, de fácil cultivo y buena producción. Base para vinos de buena graduación alcohólica, atractivo color rojo dorado y moderada acidez.

•**Graciano:** en Navarra y la Rioja Alta se usa para ensamblar otras variedades, a las que aporta un intenso color rojo, exuberantes y muy perfumados aromas y una elevada acidez.

•**Mencía:** de la zona noroeste de la península (León, Galicia, Zamora), ofrece uvas dulces, aromáticas y con buena graduación alcohólica.

•**Monastrell:** cultivada en Levante, es la base de vinos de sabor vigoroso y cálido y una buena graduación alcohólica.

•**Tempranillo:** variedad española por excelencia, su nombre indica su pronta maduración. Permite elaborar vinos frescos, con matices a mora, agradables en boca y que soportan bien el envejecimiento en madera.

•**Tinta de Toro:** variedad de la DO Toro, produce vinos de intenso color burdeos, muy astringentes y de alta graduación alcohólica.

Elaboración del vino

El proceso de vinificación se inicia en el mismo momento de la vendimia. Desechados los racimos que no estén sanos, el resto se lleva hasta la bodega en cajas o cestos pequeños, de no más de 15 kg (un peso mayor rompería los granos que inician la fermentación). Tras comprobar el estado de las uvas y su contenido en ácidos y azúcares, se descargan en tolvas que llevan hasta las estrujadoras, donde se efectúa un primer prensado no muy fuerte para evitar que el escobajo se estruje y contamine el mosto. La pasta obtenida se lleva a la prensa sin entrar en contacto con el aire.

Vinificación de blancos

El mosto pasa por unos depósitos especiales (jaulas), donde se separan las materias sólidas, y se obtiene un líquido de gran calidad, llamado mosto yema, de flor o lágrima, afrutado y muy aromático. Tras escurrir entre doce y cuarenta y ocho horas, el orujo semiprensado del depósito se somete a sucesivos prensados que dan como

resultado mostos primeros, segundos, terceros o de prensa, cuya calidad disminuye paulatinamente y que se utilizan por separado para elaborar vinos inferiores.

Durante la fermentación del mosto flor, los azúcares se transforman en alcohol gracias a la acción de levaduras añadidas durante el primer prensado. El proceso finaliza espontáneamente cuando el contenido de azúcares no sobrepasa los 4 o 5 g/l. Así, se obtienen vinos blancos secos, aunque para obtener semisecos o dulces se debe detener la fermentación de forma artificial.

Tras eliminar los restos sólidos mediante varios trasiegos, se determinan las calidades, realizando las mezclas precisas con vinos de otros viñedos, de diferentes cepas o de otras añadas. Después, el vino se somete a crianza o se almacena para su embotellado tras ser clarificado y filtrado.

Vinificación de tintos

La pasta obtenida tras el estrujado se despalilla para eliminar los raspones del racimo antes de llevarla a la tina de fermentación. El proceso se desarrolla junto con pepitas y hollejos que dotan al vino de su color rojo intenso. Los tintos sufren dos tipos de fermentaciones. La primera es alcohólica, gracias al aporte de levaduras, y durante ella el gas carbónico lleva los hollejos hacia la superficie, formando el «sombrero», que se remueve para extraer todo el color. El orujo sobrante se prensa varias veces para obtener vino de prensa, muy rico en taninos y de un color intenso, que madura en barricas.

Tras este proceso, el mosto fermentado y separado de la materia sólida se lleva a otra cuba para la fermentación maloláctica, durante la cual las bacterias transforman el ácido málico en ácido láctico, lo que aporta finura y suavidad al vino. El vino se trasiega varias veces y se filtra antes de iniciar la crianza. Antes de embotellar, hay que clarificar y estabilizar el producto.

Vinificación de rosados

Elaborados a partir de uvas tintas o de su mezcla con blancas, la vinificación es igual que con los tintos hasta el despalillado, cuando pueden realizarse dos procesos diferentes. En un caso, se deja macerar el mosto en frío, evitando la fermentación, con los hollejos, para que aporten color, y después se continúa como en los blancos. El segundo método se asemeja al empleado en los tintos, pero la fermentación se limita a veinticuatro horas.

Vinificación de vinos dulces

Utilizando uvas con un contenido de azúcar superior a lo normal, se debe cortar la fermentación antes de que el azúcar se transforme completamente en alcohol. Para los moscatel, se añade alcohol vínico o mistela (mezcla de mosto de uva con alcohol) durante la fermentación. Estos vinos se pueden someter a envejecimiento, proceso durante el cual es habitual añadir mosto concentrado.

Vinificación de cavas o espumosos

Conocido como *champenoise*, el proceso se inicia con uvas blancas o con uvas negras fermentadas sin hollejos. Tras los trasiegos, mezclas y clarificaciones habituales, al vino se le añade licor de tiraje, una mezcla de azúcar y levaduras, y se embotella. Fermenta dentro de las botellas entre nueve meses y varios años, para lo que se almacena en cavas con temperatura y humedad uniforme. Las botellas se disponen horizontalmente, pero tras unos días se empiezan a remover: se sujetan por el cuello y se las gira un octavo de círculo, mientras que los pupitres acortan su anchura y se colocan más verticales.

El proceso lleva los sedimentos al cuello de la botella, donde se retiran mediante el degüelle, un proceso muy delicado que requiere congelar la zona cercana al tapón, retirar este y verter los sedimentos solidificados junto con una pequeña cantidad de líquido. La botella se rellena con licor de expedición: una mezcla de vinos añejos con azúcar cuya composición, cantidad y dulzor dependen del espumoso que se desea (brut, seco, semiseco o dulce). Finalmente, las botellas se encorchan y sellan con el sistema de bozal (una brida de alambre sujeta por una chapa en la parte superior) o por medio de un ágrafe o grapa que cruza el corcho y se sujeta al anillo del cuello de la botella.

La maduración del vino

Tras vinificar el mosto y eliminar madres de las levaduras, se inicia la crianza, una larga fase que mejora sus cualidades. La maduración pule y refina el vino, eliminando su aspereza y haciéndolo más agradable al paladar. Para ello se utilizan barricas de madera, cuya procedencia y tiempo de permanencia son básicas para el resultado. Las más utilizadas son las bordelesas, de madera de roble y con una capacidad de 225 litros . La procedencia del roble, la forma de las duelas y la edad de las barricas influyen en las características del vino. Las barricas más jóvenes imprimen su carácter de forma rápida; las más viejas precisan más tiempo para conseguir un resultado similar.

El roble americano suele ser el más utilizado por su menor coste, aunque los mejores resultados se obtienen con barricas de roble francés. Para acoger el mosto, se limpian y se quema azufre en su interior. El vino se vierte lentamente, evitando que forme espuma. Se cierran herméticamente con un tapón de corcho cubierto de arpillera o con un tapón de silicona y se disponen en hileras superpuestas, a una temperatura de entre 13 y 15 °C y con una humedad cercana al 75 %.

Para el embotellado, se trasiega el vino a otra barrica para eliminar los depósitos sólidos. Tras rellenar las botellas, se disponen horizontalmente en los calados de las bodegas, posición que hace que el corcho se hinche y esté siempre húmedo. En las botellas, el vino adquiere su buqué, permaneciendo un tiempo determinado por la cantidad de taninos y de ácidos que contiene.

Algunos blancos no se crían en barrica. Permanecen hasta su embotellado en depósitos, donde conservan los aromas frescos y afrutados. En la crianza en barrica, no deben superar los doce a veinticuatro meses de permanencia, pues perderían sus cualidades. Los rosados no envejecen en barrica o, como mucho, permanecen en ella veinticuatro meses, excepto los grandes reservas. Los vinos tintos se almacenan en depósitos metálicos o de cemento y, antes de embotellar, se suelen combinar con vinos de otros viñedos, cepas o añadas para obtener las cualidades de cada uno.

◣ CLASIFICACIÓN DEL VINO

Para clasificar los vinos no es posible atender a una sola metodología, pues depende de la edad, el contenido en azúcares o la utilización de una única variedad de uvas (monovarietal) o más de una (multivarietal). Generalmente, se presta atención a cómo se ha elaborado, distinguiendo entre tranquilos y especiales. Los primeros incluyen blancos, tintos y rosados; vinos secos con un contenido alcohólico entre 9° y 14,5° y que se elaboran de forma muy similar. Entre los segundos, se encuentran generosos, licorosos generosos, dulces naturales, mistelas, espumosos naturales, gasificados, de aguja, enverados, chacolís y derivados vínicos como el vermut o los vinos aromatizados. Su graduación alcohólica es mayor y su elaboración es muy diferente entre ellos.

Si se atiende a la edad, la clasificación depende del periodo que el vino reposa en la bodega y en la botella antes de salir a la venta. Atiende a dos grandes grupos: **jóvenes** y de **crianza**. Los primeros (blancos, tintos y rosados) no hacen su maduración en madera o esta tiene lugar durante un periodo muy breve. Se deben consumir pasado un año desde la vendimia y conservan muchas características de las uvas.

Los crianza maduran un tiempo determinado en madera y en botella antes de comercializarse. Conservan algunas de las características de la uva, pero incorporan notas organolépticas adquiridas durante el envejecimiento. Suelen consumirse entre tres y diez años tras la vendimia, aunque algunos pueden alcanzar los veinte años. La mayor parte son tintos, y se distingue entre crianzas, reservas y grandes reservas.

Es posible realizar una clasificación según el contenido de azúcares, muy habitual en generosos y espumosos. Así, los vinos pueden ser secos (menos de 5 g/l); semisecos (entre 5 y 15 g/l); abocados (entre 15 y 30 g/l), semidulces (entre 30 y 50 g/l) y dulces (más de 50 g/l). Cada denominación de origen suele establecer sus propios valores.

En líneas generales, se puede hablar de los siguientes tipos de vinos:

•*Blancos:* elaborados con uva blanca o tinta de pulpa no coloreada; vinificados sin hollejo y fermentados a bajas temperaturas para conservar aromas y sabores de las uvas y permitir que incorporen nuevos sabores derivados de dicho proceso.

•*Blancos jóvenes aromáticos:* o vinos nuevos, que se consumen en su primer año. Vinos frescos, equilibrados en cuanto a azúcar y acidez, escasos taninos y aromas frutales. Suelen elaborarse con albariño, gewürztraminer, sauvignon blanc, torrontés y verdejo.

•*Blancos con crianza:* envejecidos en barricas de madera y en botella, nunca más de veinticuatro meses. Vinos de gran personalidad que ofrecen aromas florales y frutales enriquecidos por la madera. Su mayor cantidad de taninos, estructura y cuerpo se muestra en su intensidad en boca. Suelen elaborarse con albariño, chardonnay, godello, verdejo y viura.

•*Rosados:* su tono oscila desde los rosas más tenues hasta los salmones intensos. Más ligeros que los tintos y con más cuerpo y taninos que los blancos, cuentan con una graduación alcohólica moderada o baja y conservan los aromas frutales de las uvas. Suelen emplearse cencibel, garnacha, monastrell y tempranillo.

•*Tintos jóvenes:* embotellados tras su clarificación y sin envejecer, ofrecen aromas frutales, colores vivos y brillantes con tonos que van desde el cereza hasta el morado. A veces, se someten a un envejecimiento breve (entre tres y nueve meses) tras el que conservan los aromas frutales y adquieren cierto buqué. Se elaboran con bobal, cabernet sauvignon, cencibel, garnacha, mencía, merlot, monastrell, nebbiolo y tempranillo.

•**Tintos con crianza:** envejecidos en madera para lograr vinos estructurados, equilibrados y con taninos. La madera les permite desarrollar un aroma propio. El roble americano ofrece aromas parecidos al coco, mientras que el francés aporta tonos vainilla y especias. El color también evoluciona con el paso del tiempo. La maduración se completa en botella, armonizando los sabores y obteniendo vinos muy finos, aterciopelados y de aromas complejos. El tiempo de crianza depende de cada DO, que establece las diferencias entre crianza, reserva y gran reserva. Suelen elaborarse con cabernet sauvignon, garnacha, graciano, mazuelo, merlot, monastrell, pinot noir, syrah y tempranillo.

•**Espumosos:** se distinguen por contener anhídrido carbónico, que se manifiesta en burbujas y cuya presión debe ser superior a 2,5 bar. Si no los alcanza, se habla de vino de aguja, y si el gas se añade artificialmente, de vino espumoso gasificado. En España, se llama cava y se ofrece con distintas cantidades de azúcares: brut nature, el más seco, con hasta 3 g de azúcar por litro; extra brut (hasta 6 g/l); extraseco (entre 12 y 20 g/l); seco (entre 17 y 35 g/l), semiseco (entre 33 y 50 g/l) y semidulce (más de 50 g/l).

•**Generosos:** de elevada graduación alcohólica (entre 14° y 23°), se elaboran con uva palomino y se clasifican según la elaboración, la crianza y el vino base utilizado. Se pueden distinguir finos (crianza biológica con levaduras tras añadir alcohol vínico hasta los 15°); amontillados (se añade alcohol hasta los 17° y se someten a crianza biológica y ligera oxidación), y olorosos (se añade alcohol hasta los 18° y se envejecen mediante oxidación).

•**Dulces:** conservan los azúcares naturales del mosto. El alcohol se añade durante la fermentación, matando las levaduras antes de que se transformen los azúcares. Se utilizan uvas malvasía, monastrell y pedro ximénez, muy aromáticas y que ofrecen vinos de gran personalidad.

▶ LA CATA Y LOS MARIDAJES

La cata

Cualquiera puede aprender la técnica. Solo es preciso escuchar al vino con cierta sensibilidad para apreciar todos sus matices. Para ello, hay que afinar la vista, el olfato y el gusto y permitir que el cerebro procese la información con atención y concentración. En principio, se distinguen tres tipos de catas: horizontal (analiza vinos similares, de la misma zona o del mismo año), vertical (vinos de la misma bodega, pero diferentes añadas) y a ciegas (se ocultan los elementos que aporten algún tipo de información).

Para realizar una cata se debe contar con copas de cristal incoloro y fino, con un pie largo que evite tocar el cuerpo de la copa y alterar la temperatura del caldo, y una boca algo más estrecha que el cuerpo, para que retenga bien los aromas. Las mesas se deben cubrir con un mantel blanco y contar con una buena iluminación para apreciar el color del vino. En la cata no se bebe el vino, así que se precisa una escupidera.

El catador no debe llegar recién comido, pero tampoco en ayunas. No debe haber tomado café o fumado desde dos horas antes de la cata y debe evitar el uso de perfumes, colonias o lociones de afeitado que influyan en el olfato. El proceso cuenta con tres tipos de análisis.

•*A la vista:* valora color, brillo, intensidad, transparencia, matices y, en los espumosos, la formación de burbujas. Se lleva la copa al nivel de los ojos para observar el vino a contraluz y apreciar así la transparencia y el brillo. La intensidad del color y los matices se observan inclinando la copa sobre el mantel blanco. La dominancia de matices (más amarillos o más rojizos) indica la edad del vino. Igualmente, los tintos jóvenes muestran un rojo púrpura que se acerca al morado, mientras que los crianzas viran a tonos ladrillo. Por último, hay que mover la copa, haciendo rotar el vino, para apreciar su densidad y la formación de lágrimas en el vidrio, que indican su contenido en alcohol. En los espumosos, hay que apreciar cómo se forman la espuma y sus burbujas.

•*En nariz:* primero se huele el vino sin agitar la copa, para captar los aromas más ligeros, o incluso los que muestren algún defecto. Después, se mueve la copa haciendo rotar el vino para observar los aromas que desprende. Los aromas se clasifican en primarios, secundarios y terciarios. Los primeros provienen de la cepa utilizada para elaborar el vino y suelen ser florales (acacia, almendro, tomillo, rosa...), frutales (arándanos, pistachos, pomelos...) y herbáceos (heno, hojas, musgo...). Los secundarios son producto de la fermentación (miga de pan, levadura, mantequilla...), que si no ha sido correcta ofrece aromas que recuerdan a acetona o a col fermentada. Los terciarios se aportan durante la crianza y se reúnen en cinco grupos: balsámicos (pino, resina, sándalo), madera (cedro, corteza, roble), especiados y hongos (clavo, nuez moscada, pimienta, trufa), animales (almizcle, carne, cuero, pelo húmedo) y a tostado o quemado (café, caramelo, humo, pan tostado).

•*En boca:* el más complejo, pues depende tanto del sentido del gusto como del olfato. Se debe tomar un pequeño sorbo de vino y mantenerlo en la boca, removiéndolo, para inundar las papilas gustativas, que empezarán a percibir sensaciones (ácido, amargo, dulce y salado) y las harán llegar al cerebro. También se aprecia la textura del líquido (áspero, duro, nervioso, sedoso). En la boca, el vino se calienta, desprendiendo aromas que llegan al bulbo olfativo. La percepción aumenta si se aspira por la boca un poco de aire que atraviese el líquido y se expulsa por la nariz (barboteo). Finalmente, el vino se escupe, dejando un recuerdo (retrogusto o posgusto) en el paladar durante unos segundos.

Tras este proceso, solo resta rellenar la ficha de cata, donde cada catador anota lo que ha sentido. Conviene ser lo más preciso posible, utilizando símiles y referentes universales. La ficha recoge sucesivamente el aspecto del vino, su olor y el gusto, junto con las conclusiones y un juicio de valor que incluirá la nota que merece.

Los maridajes

Aunque siempre se ha dicho que «vino tinto para la carne y blanco para el pescado», lo cierto es que combinar de forma adecuada comida y vino no siempre es tan sencillo. Mucho más cuando ambos no suelen presentarse de forma «pura», sino como una compleja combinación entre ácido, amargo, dulce y salado. Además, la temperatura modifica las sensaciones del paladar. La combinación de comida y vino es dinámica, cuestión de gusto, paladar, experiencia y sentido común.

La primera regla se refiere al orden de servicio del vino, para que, si hay varios tipos en una comida, se puedan apreciar las características de cada uno. Los vinos ligeros deben ser degustados antes que los de más cuerpo; los blancos secos, antes que los tintos, y los que precisen un servicio en frío antes que el resto. Se puede seguir la norma de la graduación alcohólica de cada vino, de tal forma que cuanto más alta sea, más tarde se retrasa su servicio en mesa.

La segunda norma básica tiene que ver con la combinación de la ligereza o complejidad de la receta con la del vino. Una comida ligera y suave debe acompañarse con un vino similar. Según aumente la complejidad de las recetas, se incrementará la del vino. Y si al preparar un plato concreto se ha empleado uno determinado, la ingesta debe acompañarse con el mismo caldo.

En cualquier caso, nada mejor que aplicar cierta lógica. Un vino ácido puede compensar una comida salada, pero con un plato dulce resultará desagradable, pues este resaltará la acidez del vino. Los caldos de elevados taninos van bien con comidas grasas, pero disminuyen el sabor de los platos dulces. Los alimentos salados potencian de forma agradable la sensación tánica. Y los dulces ven reforzado su sabor con platos dulces, mientras que las recetas ligeramente saladas destacan los aspectos frutales del vino.

Lo cierto es que determinadas combinaciones no pueden fallar. A saber:

•**Los pescados** cocinados de forma sencilla combinan bien con vinos blancos. Si llevan salsas muy especiadas o contundentes, el blanco debe ser más complejo y con más cuerpo o, en su defecto, se elegirá un rosado. Los mariscos combinan muy bien con blancos jóvenes, afrutados y aromáticos.

•**Las carnes blancas** (pavo, pollo, ternera) se acompañan con blancos con algo de cuerpo, con rosados o con tintos ligeros. Los tintos con maceración carbónica ofrecen combinaciones sensoriales muy agradables.

•**Las carnes rojas, los asados y la caza** son perfectos para tintos con crianza y reservas.

•**Los postres dulces** deben acompañarse con generosos, málagas y oportos, pues potencian la cualidad del plato.

•**Arroces, legumbres y pastas** no tienen una combinación definida. Para elegir el vino adecuado se debe tener en cuenta el tipo de preparación y utilizar el sentido común.

•**Los quesos** tampoco tienen una norma definida, así que dependerá del gusto personal.

•**Los entrantes** o las comidas tipo cóctel combinan muy bien con vinos espumosos o jerez seco.